わさびの里より

キルト作家が贈る里山の幸《さち》

黒田　街子

木星舎

表紙カバー・本文写真撮影・提供
サイモン・ワーン（Saimon Wearne）、佐藤溯芳、上野山和男
近藤宏一郎（近藤スタジオ）、黒田街子

目次

わさびの里より

禅・四季の女神
205cm×205cm（1998 年）

禅《ぜん》・四《し》季《き》の女神《めがみ》

キルト「禅・四季の女神」は、岐阜の名刹《めいさつ》・正眼寺《しょうげんじ》の四季折々の風景を描いたもの。一九九八年、東京国際フォーラムで開催された国際キルト博の招待作家コーナーで展示された。ゆくゆくは正眼寺に奉納させていただく。

茅葺《かやぶ》きの家「楽柿舎《らくししゃ》」のこと

ご縁あって、和歌山の山奥に古民家を購入した。そこに工房（蒲公英《たんぽぽ》工房）を開いて活動の拠点とし、環境問題や食について発信していこうと決めたのは二〇〇一年のことだった。

工房を開く前に、古民家の全貌を見ていただいた方がいる。お一人は紀州有田《きしゅうありだ》のみかんの味を守り続けている小澤《おざわ》農場*1の経営者で、大自然の知恵者、小澤嘉夫《よしお》さん。当時私は、畑や背後の里山も含めると数千坪の土地をこれからどう生かしていけばいいのかとは不安でいっぱいだったが、小澤さんはそれを察してすぐに見に来てくださった。

「畑は無理せずできる範囲でやればいい。山は今までもほったらかしてきたのだから、そのままにしておきなさい。植林した山もいずれは元に戻るだけです」

その言葉で気が楽になった。小澤さんはその後も、母校の農業専門学校のお仲間を連れて来られ、数十本の梅の木等の剪定をしてくださった。今でもわからないことがあると、すぐに尋ねる。

「百姓は百の仕事ができなければなりません」

小澤さんは頼もしく、いつも助けていただいている。

もうお一人、岐阜県美濃加茂市《みのかも》の禅寺、正眼寺[*2]の山川宗玄老師にも見ていただいた。老師は工房全体が見渡せる場所に立たれ、「この地はとても良い気が流れ、扇の要のような場所。心身の弱った方がここに来ると元気になる、そんな不思議なところです」と言ってくださった。

二年近く放置された家の中は蜘蛛の巣だらけだった。敷地内の母屋から離れたところに茅葺《かやぶ》きの家が建っており、前の持ち主に「古くて危険なので、取り壊してください」と言われるほど荒れ果てていたが、老師は「これは壊さずに、皆の手で再生しなさい。ここが皆さんの集う大切な場所になりますよ」とおっしゃった。

再生しようにも資金は底をつき、どうすればいいのかと途方にくれていたところ、工房近くにある古民家を修復しておられた大工の中西候夫《としお》さん（故人）が、「今日で山を下ります」と挨拶に来られた。ちょうどアメリカ留学から一時帰国していた次男が、ひと仕事を終えた様子の中西さんに「あの茅葺きの家を再生したいのですが……」と相談を持ち掛けると、「わしがやりましょう」と即答され、その翌日から作業に取りかかってくださった。

まずは、家の裏山の竹林の整理から始めたものの、数十本の竹を伐《き》る作業は困難を極め、中西さんと次男が連日格闘することになった。老師の言葉もあり、なんとかそのまま再生できないかと考えたが、古い茅葺きの家の修復は難しく、取り壊して一から同じ大きさの茅葺きの家を建てることにした。

茅を集める作業にも苦労した。私は延べ二十回ほど生石《おいし》高原にある茅場《かやば》に通った。ボランティアで茅刈りを手伝ってくれた人は、ほとんどが初めて鎌を持つ人

蒲公英工房の草花と茅葺の家

たちだった。鎌は宮崎の母校の後輩にあたる鍛冶《かじ》職人が作ったもので、延岡に住む姉が寄付してくれた。茅を刈るにあたっては、生石高原の守り人である「きつつき工房」の岩瀬匠さんに、「町境の尾根の茅場なら何処でも自由に刈りなさい。誰かに咎められたら岩瀬が許可したと言いなさい」と言っていただいた。結局、茅葺き屋根に必要な分量の五分の三程（三五〇束）の茅を集めることができたが、不足分は高野山の麓、九度山《くどやま》の古民家の屋根裏に保管されていた茅を買った。その価格の高さに、改めて茅刈りの労働の価値を知った。そんな貴重な茅を干しているときに雨が降りはじめ、大慌てで数十束を抱えて屋内に運びこんでいる私を見て、お隣の大橋さんが手伝ってくださったこともある。

建物の基礎工事は中西さんの指導ですすめ、銀行を定年退職されたスタッフのご主人、小杉博さんに手伝ってもらえるようになり、取り壊される古民家の敷居やガラス戸や窓などを引き取りに行き、それらの建具に合わせて家の設計をしてもらった。

その間、私は茅葺き職人探しに奔走していた。ようやく見つかったのは、九度山の職人さん二人だった。彼らは連日、往復三時間かけて九度山から通ってきて茅を葺いてくれたが、その日当の高さに驚いた。家屋の建設に関わる職人さんの中で一番高いという。危険をともなう屋根の上で、全て手作業で行う仕事であるためという説明に納得したが、それにしても予想外の費用だった。

思いがけない出費に、壁を塗る左官の日高善治さんに「できるだけ安価にお願いします」と言うと、「材料費だけで結構です。日当は要りません」と返ってきてびっくりした。「そんなこと……」と、同じ宮崎出身の奥様に電話をすると、「主人は同郷の人が頑張っているのだから、わしらも応援しよう。日当分は、来年仕事が倍になって戻ってくると言っています。主人の好きなようにさせてください」と言われた。不思議なことに実際に翌年、日高さんの仕事は二倍に増えたという。

この地で初めて出会った方が、私と同郷であるというだけの理由で数十万円相当の仕事を無償でしていただいたことになる。「どのようなお返しをすればよいのだろうか」と当惑し恐縮したが、その好意を有難くいただいた。

落成記念イベントの日取りも決まり、最後の締めくくりである畳が敷かれたと聞き、山に上がってみると、「一番安いもので結構」と畳屋さんに注文していたのに高価な琉球《りゆうきゆう》畳が入っていた。慌てて畳屋さんに「何かの間違いではありませんか」と電話をすると、支払いは済んでいると言う。日高さんが「この茅葺きの家にはこれくらいの畳を入れんといかん」と言って注文されたと聞き、「有難い」を通り越して胸がいっぱいになった。

私は壁塗り作業の一部始終を見ていたわけではないが、元々の古い土壁に使われていた竹をきれいに再生して使うという面倒な作業をしていただいたそうだ。「この家でなければこんな仕事はできない」と話されていたという。完成した茅葺きの家を「楽柿舎《らくししや》」と命名し、家の前に、日高さんご夫妻に記念植樹をしていただいた。そのとき植えてもらった次郎柿が実るまでに「桃栗三年柿八年」の諺《ことわざ》通り八年かかり、初めて実った柿を日高さんに送った。日高さんは今でも、ふら

っと立ち寄ってくださり、草刈りや植木の剪定をしてくださる。年に数回お送りする「山の幸便」は、奥様に「何よりのものをいただいて」と喜んでいただくが、いただいたご恩は、到底、お返ししきれるものではない。いつか、ここを訪れる未来のすべての子どもたちへと思っている。

茅葺きの家が完成した後、十五代続く帯伊《おびい》書店の高市績《いさお》さん（故人）が茅葺きの家を見に来られ、「祝い唄」を吟じてくださった。高市さんご夫妻には、工房を開いた当初からご自宅の食器類や火鉢等を寄付していただいたり、「囲炉裏《いろり》には自在鉤《じざいかぎ》を」と古道具店で探してくださったりとお世話になった。その高市績さんから「あなたがしておられることは、本来、行政や我々のような和歌山で生まれ育ったものが為すべきことです。ありがとうございます」という言葉を頂戴し、うれしかった。

茅葺きの家を建て替えることで、様々な方とお会いし、かけがえのない体験をさせていただいた。それらのご縁が、十五年間にわたる「茅葺きの家の集い　未来に語りかけよう！」を続けていくことに繋《つな》がっている。「壊さずに建て替えなさい」という言葉をくださった山川老師には、それが見えておられたのだろう。

オオワシが来る聖湖
200cm×150cm（2011 年）

オオワシが来る聖湖《せいこ》

北海道に飛来する冬鳥オオワシは、アイヌの人たちにとってはカムイ（神様）であるという。生態系の頂点に立つオオワシが、湖で群れ遊ぶ一枚の写真に出会って驚いた。なわばりがあるであろうオオワシが群れて、共に餌をついばみ羽を休めているのだから。

その情景をキルトに表したのが『オオワシが来る聖湖』である。「今、まさに飛び立とうとしているオオワシ」「羽に虹をのせて飛ぶオオワシ」など九羽が大島紬の布に生きている。ボーダーデザインはアイヌ文様の特徴である、魔除けの意味がある渦巻文様や棘を表した刺繍《ししゅう》の先を尖らせるデザインにした。

酵素作り

主に工房産の食材を使って、春と秋の年二回作る酵素「春宵物語《はるよいものがたり》」、「望待月《もちまちづき》」は、作りはじめてもう十年以上が経つ。発端は、地球と人の身体のことを真剣に考えて、石鹸をはじめボディケア用品や食などを開発する「銀座みねらる」「ソルフェジオ」[*3]を主宰している藤岡真理さんからいただいた「この地で育つもので作る酵素はかけがえのないものです。是非挑戦して、広めてください！」という助言だった。

工房産の酵素はオーガニックで、排気ガスのふりかかる心配のない土地で育った食材を使っている。工房の酵素を飲んでいただいている一六五人にアンケート調査をしたところ、飲み続けている理由は「飲みやすい」、「身体の調子が良い」、「時々に違う味が楽しめる」などが返ってきた。価格が安すぎるとの回答も多かった（約八〇％）が、ボランティアで手伝ってくれる人のお陰でこの価格を維持できている。酵素は、作りたいと望まれる方にはお教えするし、欲しい方にはお分けしている。毎年春と秋に、神戸の医療に従事している方より大量に注文が入る。

春の酵素「春宵物語」には春の草木の新芽を主とし、タケノコや野菜、柑橘《かんきつ》、枝垂《しだ》れ桜や淡墨桜《うすずみざくら》の花びらも入る。秋の酵素「望待月」には、ビワ・カキ・キーウイ・カリン・イチジクに根菜を加える。梅の酵素は、春と秋の酵素にそれぞれブレンドする。野菜も果実もすべて有機栽培によるもので、水は一滴も入れず、てんさい糖と白砂糖で抽出している。そのため糖分はやや高いが、毎日、これをスプーン一杯飲むことによる糖質過多を心配するより、生の食材から抽出された成分がもたらす効能のほうがはるかに健康に寄与するだろう。白山オニグルミ等の蜂蜜漬「しあわせのワンスプーン」（四二ページ）にも、その時々の酵素をブレンドしている。

梅の古木にできる希少な霊芝《れいし》（サルノコシカケ）が入るのも、我が工房ならではのものと自負している。時には、到来物の乾燥した海の幸（テングサ・フノリ・茎ワカメ・サンゴ等）も入る。

この酵素作りの講習会を工房で何度か開いた。工房の周囲には、春の七草（セリ・ナズナ・ゴギョウ・ハコベラ・ホトケノザ・スズナ・スズシロ）をはじめ、薬草といわれるヨモギ・オオバコ・カキドオシ・ユキノシタ・カンゾウ・ドクダミ・ワサビ等が豊富に自生している。薬膳《やくぜん》の研究をしている人たちのグループも酵素作りを体験するために、春を待ってよく来山されるようになった。

薬草でよく知られているのはヨモギで、工房周辺のいたるところに群生している。ヨモギの薬効については二百種の野菜や山菜を対象に調べた結果、活性酸素消去能力が最も高かったこと（熊本大学・前田浩教授による調査）、がんに罹患したマウスによる実験で、抗がん性があることが報告（東京大学医科学研究所・

酵素の材料と山の幸

佐丸義夫講師の研究）されている。

ヨモギの柔らかな新芽に触れると、幼いころを思い出す。たくさん摘むと祖母が褒めてくれ、母はよもぎ団子を作ってくれた。工房を開いた後のことだが、冷凍できるということを知ってからは、毎年、春に摘んであく抜きしたヨモギが冷凍室に入っている。

先日、「十年ものの梅酒」を探している方に尋ねられて、工房の中を探した際に、五年ものの柿酢や酵素が見つかった。深い色の柿酢はまろやかな味で、酸味も程よく美味しかった。酵素も色が深くなっていて出来たてのものとは異なり、発酵が進んで薬草酒のような香りがした。味のほうは、甘みがうすらいで飲みやすくなっている。今年は十年後に楽しめる酵素を目指したい。

今、まさに工房で力強く芽吹いている約五十種の草木の新芽の力を、十年後の子どもたちに届けよう。オオワシが群れ遊ぶ湖のように、たくましい子どもたちの歓声が工房の畑や小川に響くよう祈りながら。

柿酢をフィルターで濾過（ろか）する

壽 樹

216cm×192cm（2016 年）

壽《じゅ》樹《じゅ》

二〇一六年、目黒雅叙園《がじょえん》で開かれた和キルト百人展の招待作品。テーマは「寿《ことほ》ぎ」、作品のボーダーに用いた藍染《あいぞめ》古布《こふ》（簞笥《たんす》に眠っていた）の吉祥《きっしょう》鳥の鶴六十羽は、一羽も残すことなくこの作品に納まった。

中央の生命樹には、中国の吉数「九」羽の青い鳥を配し、牡丹《ぼたん》・蓮・菊の吉祥文様が彩りを添える。

どんな小さな木にも　葉が芽生えると
風は寄り添い共に　リズムを楽しんでいる
ときに壽樹あり
鳥たちは色彩豊かな　コスチュームをまとい
様々な楽器を持って集まる
望月《もちづき》が昇ると
大自然のオーケストラが　生まれている
花束をあなたに
壽樹は
天上のシンフォニーを　奏《かな》で始める

溯芳

山の幸便

工房を開いてまもなく「山の幸便」を始めた。豊かな山の恵み、ワラビやタケノコ、ウド等の山菜、有機野菜・果実などを分けてほしいという声が多かったからである。

工房内の茶房を任せていた浜田雪子さんのご主人が野菜の担当で、ご自分の畑そっちのけで開墾《かいこん》して、除草剤を一切使わず見事な有機野菜を育ててくださった。それらはボランティアで作業してくださる方へのお礼にしていたが、県外の知人から「工房運営の助けになるのでは」と言われていたこともあり、また支援していただいている方へ工房の成果物を味わい、見ていただくことで、私の活動のご報告にもなるかと思い、本格的なプロジェクトにしようと決意した。

支援していただいた方はたくさんいる。

「ちょうど良い時期に始められましたね。十年早ければ人脈がなく、十年遅ければ体力がなかったでしょう」とおっしゃったのは山川宗玄老師で、十五年経った今その言葉が的を射たものだったと痛感している。当時はぎりぎり四十代、体力的に無理ができた。山川老師は、岐阜の名刹・正眼寺の師家であられ、醤油と味噌の発祥とされる和歌山の興国寺と越前大仏で知られる福井の清大寺《せいだいじ》も預かっておられる。老師の周りの方からの支援は十五年経った今でも変わらずつづき、工房が発信する企画にはどんなことにも協力を惜しまずにいてくださる。

工房オープンの日に「何か足りないものはありませんか？」とお電話をいただいた名古屋の丹羽永子さんもそのお一人で、「座布団が足りません」と言うと、数日して座布団二十枚が届いた。お知り合いの布団屋さんに「世の中のために、本当に良いことをしていらっしゃいます。その方のために寄付をお願いします」とお電話されたとうかがい、有難く頂戴した。同じく名古屋の高木和美さんと福井の納屋聖子さんのお二人にも、物心両面で大変お世話になっている。

私が母のように慕っているのは、岐阜の森烈子さん。この方とは、「スイス接《せっ》心《しん》」（一週間の禅の修行）がご縁で知り合った。「ご老師からお誘いがあり、何がなんでも行かなければと思って来ました」というのが、初対面の言葉だった。

一週間、二人部屋で朝から晩まで禅の修行を共にした日々は、私たちの関係をかけがえのないものにした。その後、折に触れては「貴女に出会わせていただいたことを、ご老師に心から感謝しています」と言っていただき、翌年の「スイス接心」の際には、ご自分の着物の裾《すそ》を切って仕立て直し、袴《はかま》とともに送ってくださった。一日に短時間で何回も着替える接心では、短い着物が便利なのである。

工房のことも、今は亡きご主人とともにあれこれと気にかけてくださった。森さんの三人のお嬢さんに対する教育には哲学があり、娘さん達はそれぞれに豊かな感性を持たれている。「当たり前のことやがね」とおっしゃるが、当たり前のことが難しくなっている昨今ではなかなかできることではない。娘さんたちも息

「山の幸便」に入れる果実や山菜、ふきのとうの手作り味噌など

子さんも両親を心から尊敬しておられ、言葉遣いが丁寧で目上の人に対しての礼儀も実に爽やかである。ご長女は家族のためにと酵素を長く手作りしておられ、「酵素がなくては生きられないくらい大事です」と話された。

年に一、二回、岐阜のお宅に泊めていただくが、実家よりも居心地が良い。

こうしたかけがえのない方々への贈り物が「山の幸便」である。

希望される方には、旬《しゅん》のものをベースにした「山の幸便」を年四回、年会費一万円でお届けする。遠方の方へは、送料込みで年三回、お届けする。十五年つづいている方も多い。生徒の一人、旭さんから年会費をいただく際に「品物は要りませんので、寄付させてください。大変なご苦労だと思うばかりで、何もお手伝いができずに申し訳なく思っています」と言われた時は、感動で胸がいっぱいになった。その当時七十代前半だった旭さんは、入退院を繰り返すご主人を家族一丸となって看病されていた。そんな状況にあって私を気遣ってくださるその言葉が、どれほど有難く励みになったことか。改めて頑張ってつづけていこうと決意した。

もうお一人、ご家族の介護のために教室をやめることになった児島紀子さんも、その後もずっと「山の幸便」をつづけてくださっている。年四回、取りに来てくださる児島さんとお会いする時間を、いつも心待ちしている。障害児施設で働きながら夜の教室に十数年通われた児島さんの介護の話は私を和ませてくれ、教わることが多い。退職した今も、元お仲間の職員が急病で休まれると施設に駆けつけておられる。保育士一人で三人の子どものケアをしなければならない施設の仕事の大変さを熟知されているからこそ、即、行動されるのだろう。

現在、百歳を超えてお元気なお母さまは、九十六歳でデイケアデビューされた。自宅では二階を居室とされ、食事やお風呂のときは、ご自分で階段を上り下りされている。九十歳のころに「百歳まで生きようかなぁ」とつぶやくのを聞いた家族が、「どうせなら長寿記録作ったら」と励ましたという。お母さまにとって「長生きしてね」という家族の心からの願いが、元気でおられる原動力なのだろう。

春便は、山菜（ワラビ・山吹・ウド・タケノコ・ワサビ）にふきのとう味噌や春の酵素、夏便はシャーベット（工房産の果実のキーウイ・カキ・ユズ、スタッフの大石さんの実家がある貴志川町よりいただくモモ・アンズ・スモモ）と白熊アイス（こだわりの牛乳やフルーツを使って）、秋便は有機果実（キーウイ・カキ・アケビ・ザクロ）や秋の酵素・柿酢・甘茶など、冬は柚子や椎茸、柿酢を使った柚子ポン酢など。酵素を手作りされる方には酵素用の果実なども加わる。

青碧賦

180cm×180cm（*2008* 年）

青《せい》碧《はく》賦《ふ》

キルト『青碧賦』の花々は、白一色で色がない。敢えてそうした理由は、キルトの前に立つお一人おひとりに、それぞれにイメージした色をつけていただきたいという思いがあってのことである。

私が植えて増やした紫陽花《あじさい》の花々も十種を超える。色も姿もバラエティに富んでおり、工房を訪れた方への色とりどりの花束のおみやげは、梅雨《つゆ》時に晴れやかな笑顔を呼ぶ。

工房に咲く白花には、大山蓮華《おおやまれんげ》・白木蓮《はくもくれん》・白山吹・コブシ・ウツギ等がある。土と光と水によって高潔で気品あふれる白花が生まれ、漂うその香りにふれると全身全霊が揺さぶられる。

茅葺きの家の集い「茅の会」　未来に語りかけよう

キルトに様々なモチーフを用いる。それは、パッチワークの手法としてアップリケの技法を私が好んで使うことも大きな要因だが、工房を囲む自然の移り変わりを日々目にする暮らしによるところが大きい。（和歌山県海草《かいそう》郡）紀美野《きみの》町はスミレの宝庫だそうで、種々のスミレが自生している。近くの生石《おいし》高原では、多くの山野草に出会える。ササユリやオカトラノオは、十年ほど前まで工房の先の道沿いにも見かけた。

茅葺きの家の集いには前身がある。私が三十年間パッチワークキルト教室の講師を務めた和歌山近鉄カルチャーセンターで、新しい企画として「未来に語りかけよう」という講座を開き、様々な分野（詩人・医師・音楽家・華道家など）で活躍している方を月変わりで講師に招いていた。工房がオープンしてからは母屋で月一回（最終日曜日の午後一時〜三時、飲み物とお茶菓子付きで参加費一〇〇〇円）ゲストを迎えて集まるようになり、茅葺きの家「楽柿舎」が完成してからはそこで開くようになった。遠方からの参加者もおられる。

毎月欠かさず参加されていた渡辺恵美子さんは大阪初の元女性小学校長、大阪府枚方《ひらかた》市から片道二時間半かけバスと電車を乗り継いで参加してくださった。そして、その途中、車中で乗客に席を譲ってもらうとその度《たび》に千円を貯め、年末にまとめて車椅子ボランティア団体へ寄付する活動も続けておられた。「今日は三回もお世話になりました。その方たちに工房のことや『茅の会』の様子を話しておきましたよ」といつも笑顔だった。

渡辺さんからご紹介いただいた講師陣も少なくない。中でも「春の七草と遊ぼう！」の中村幸男さん（大阪シニア自然大学講師）や、「地域の食文化を伝える」の熱田明子さんのお話は興味深いものだった。熱田さんは小学校の食育活動を長くつづけておられる。講話の最中、落ち着いて話を聴けない子どもがいると「あなたたちにとってとても大切な話をしているのだから、静かに聴けないのなら廊下に立っていなさい」と叱り飛ばすと話されるのを聞いていると、彼女が真に子どもたちのことを思い、心身の発達を願っておられる気持ちが伝わってくる。

近年では、参加メンバーが限られてきている。最初に工房見学に来られてから十年以上になる上野山和男さんも、毎月欠かさず参加されるお一人。一級建築士の上野山さんは、「ありだの民家を考える会」のメンバーと一緒に来られた際に、「茅の会」の話に興味を持たれて翌月から参加されるようになった。いつもいろいろなお知り合いを連れて来てくださったが、ある日、「茅の会のような集いを有田《ありだ》で始めたいのですが」と相談されて、私は大賛成した。有田で月一回開かれる「豆の会」も、もう五年続いている。

「茅の会」では年一、二回、一品持ち寄りの食事会を開く。毎月の会にはメンバーも増えて、賑やかで楽しい集まりになっている。お花見を兼ねたランチを囲む会などをもう少し増やせると、新たな参加者も増えていくだろう。

以前、お隣の大橋さんから猪肉《ししにく》の塊《かたまり》をいただいたことがある。獲物が罠《わな》にかかると、それを仕掛けた土地の所有者に配られると話しておられたが、猪鍋にすると大好評だった。野山を駆け巡り自然の恵みを食べて成長した猪や鹿は、栄養学的にも素晴らしいのではないだろうか。鍼灸師の長男は、身体が空くと工房を手伝う。果実を鹿の被害から守る対策、猪による崩れた道の補修等々、仕事は尽きない。獣害《じゅうがい》対策に頭を痛める行政機関は、ジビエ（狩猟で得た天然の野生鳥獣の食肉）料理普及を早急に進めるべきである。

このほかにも、「茅の会研修旅行」と銘打って、毎年春に一泊旅行をつづけている。旅の途中では、詳しい解説付きで歴史的建造物を見学したり、伊勢の神島、奈良ホテルのバーラウンジなど個人ではなかなか行けない場所を訪れたりする。事前に、食事をする場所やお土産リストも旅の担当者が丁寧に調べておいてくれる。現在は上野山さんの運転でレンタカーで移動するため、定員は十人までとなっているが、今後、貸し切りバスを利用した旅にするのも楽しいだろう。「一度参加したら病みつきになる」とは旅が大好きな人の感想である。

「茅の会」を工房に移した当初、茶房を訪れる方にもその内容をお知らせしたいと思い、感想を参加者に綴っていただいていた。その中から抜粋したものを紹介させていただく。このほかにも筆力に優れて素晴らしい感想文があるが、残念ながら長いのでここに紹介できない。工房に来て是非、読んでいただきたい。

蒲公英工房の草花や果実（ヤマモモとブルーベリー）

テーマ「**土に耳を澄ます時**」　講師　**小澤　嘉夫**（有田　小澤農場主）

二〇〇四年四月　小倉サダ子（障害者支援ボランティア）

茅葺き、ガラス戸、土間、囲炉裏……。懐かしさが込み上げてきていたところへ、小澤先生の言葉（土間を指さして、「僕はここへ茣蓙《ござ》を敷いて」と）。それで、私の心は一足飛びに茅葺の家で暮らしていたころに戻れたのでした。この日集まった方々のお話も笑顔もステキでした。

西洋タンポポと日本タンポポ、スイバとギシギシの違い等々、興味のあるお話ばかりでした。

「一つ知ると何十倍もの難しさが出て来る！」心に残った先生の言葉です。また、お会いしたいです。きっと同席した障害のある息子も同感だと思います。

＊　＊

テーマ「**縫《ぬ》う　永遠の贈り物**」　講師　**黒田　街子**（蒲公英工房主宰）

二〇〇六年五月　角田　知子（元幼稚園園長）

山や野にむくむくと萌えている緑、命あふれる息吹きを感じる五月。

里山を登り、眼下に古民家が山ふところに抱かれるが如く建っている。

黒田街子先生のキルト作品『山翠鳥歌《さんすいちょうか》』の世界そのもの。おだやかな、ゆったりとした風景が広がる。

この蒲公英工房で「第十一回キルト展」が開催《かいさい》され、多くの参観者が来訪され、大盛況裡《だいせいきょうり》に終わりました。この最終日、キルト作品に囲まれた大広間で先生からキルトの歴史、長い年月に母から子へと繰り返されてきた「針仕事」という伝統工芸を未来に受け継ぐ喜び（使命）についてのお話をうかがいました。

私の小さいころ、着物や洋服等を手作りしてくれた母。今、私がキルト作品を完成させる時に味わう充実感、それらを母も味わっていたのだろうかとの思いを馳せながら、今年の正月に幼稚園で作った「刺し子のふきん」の初作品をプレゼントしてくれた五歳の孫娘にも、この喜びを受け継いで欲しいと希ったひとときでした。感謝にて。

＊＊

テーマ「**冬の星はなぜきれい？**」　講師　**矢動丸　泰**（みさと天文台台長）

二〇〇七年七月　上野山　和男（設計事務所カオス代表）

宇宙の話と歴史の話は、自分の存在はごく小さなもので、日頃悩んだりこだわったりしている事が些細で、小さな一点でしかない事を確認させられます。天文の話はロマンと物理の話が混在しますが、やはり興味はロマンの方

[茅の会」

に偏りがちで、星座の話などに聞き入り、質問の内容が「宇宙の果て」と「宇宙人」の話にそれていくのを面白く感じました。

冬の星がきれいな理由は、

①光を屈折・散乱させる湿気が空気中に少ない

②風が強くチリが飛ばされて空気がきれい

という事だそうです。

私が興味を持ったのは、「空気の厚さ」の話で、標高《ひょうこう》の高い山で見上げる空は青ではなく黒いのだそうで、空気の層が厚いと光が分散されて青に見える空も、空気の層が薄いと宇宙の黒が見えてしまうとのお話でした。夕日が赤い理由は、光が大気の層を斜めに入ってくるために空気が厚くなり、屈折しにくい赤い光だけが目に届くことは、学校の色彩論で習ったことでしたが、星も同じように西の低い位置にある星の方が赤味を強く感じるというのは、新しく知った話で面白く感じました。

「茅の会」でお話を伺った後、その内容に興味を持つのは毎回のことですが、今回も夜に空を見上げる機会が多くなりました。改めて大きな宇宙を見上げ、一つ一つの星の動きの美しさを感じて自分の小ささを見つめ直し、そんなことをロマンチックに思える自分もちょっと好きで、そんなきっかけをいただいていることに感謝します。

揺 籃

200cm×200cm（2010 年）

揺《ゆり》籃《かご》

二〇一四年夏、東京・目黒の雅叙園《がじょえん》で開かれたキルト展の招待作家コーナーに出品したときのこと。

『揺籃』の前で若い女性が長時間たたずんで見ておられた。たくさんのギャラリーの中でもその姿が目立ったので、一緒にいた生徒が声をかけ、「このキルトを創られた先生です」と私を紹介した。その方は、韓国からの留学生でデザインを専攻しているという。

「本当にこのキルトを創られた方ですか？　このキルトに出逢えて日本に来て本当に良かったと思っています」と言ってくださり、花々のデザインや使っている布地について、次々に質問された。

使用した布地は大島紬で、同級生の亡きお義母様が好んで着ておられたものだった。お義母様は芸術鑑賞が趣味だったそうで、素晴らしい着物をたくさん残され、同級生のはからいで私は数十枚の着物や見事な刺繍《ししゅう》の半襟《はんえり》など数々頂戴した。

私のキルトに使用している古布のほとんどが、そうしたご縁によるものである。

しあわせのワンスプーン　食品開発

工房では、毎年初夏になると玉虫の羽音を聴く。

玉虫に出逢うのは格別の喜びである。三年くらい前に工房の畑の真ん中で、「この掌に止まれ！」と念じると、本当に私の掌に一匹の玉虫が止まったことがある。それこそ童心に返ったかのように心躍り、その玉虫をそっと家の中まで連れ帰った。その後も、ブルーベリーの苗の草取りをしていたら、すぐ近くまで遊びにきており、しばらく共に過ごした。

『揺籃』のキルトには野山の花々以外に、野山の小さな虫たちが入っている。幼い子どもたちがそれらの虫を見つけて大喜びしている姿がとても愛おしい。なかでも絹糸で刺繍した玉虫が人気で、「昔はたくさんいましたよね」年配の方にはと懐かしがる方もたくさんおられる。

二〇一六年春より、京都造形芸術大学大学院芸術研究科（通信教育）の芸術環境専攻で学びを進めている。修了研究で何をテーマとするか迷っていたところ、ゼミ担当の松井利夫教授と伊達伸明教授にアドバイスをいただき、それをふまえ、この十五年の間に蒲公英《たんぽぽ》工房から発信してきたことについて整理しまとめたものに考察を加え、今後の展開に生かし、新たな方向性をさぐろうと考えた。

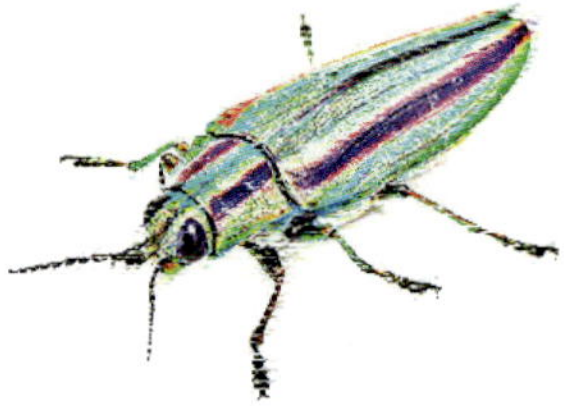

研究テーマの一つが「食」に関するもので、十年間発信してきた工房産の有機酵素を使い、探し求めたオーガニック食材と蜂蜜をブレンドさせたこだわりの一品・蜂蜜漬「しあわせのワンスプーン（縄文より）」の開発。身体によいとされるナッツを漬け込んだもので、石川県白山市の人たちが手間暇かけて実を取り出した縄文遺跡から見つかる原種のオニグルミが主となっている。ちなみに、国内最大の生産量を誇るのは、ペルシャクルミを品種改良した信州産のシナノクルミで、こちらは簡単に殻を割って実を取り出すことができる。蜂蜜も、白山の地で採取される栃の花の蜂蜜を使うこととした。

　白山の食材とのご縁は、金沢教室の中川康子さんよりいただいた。金沢に通いはじめてかれこれ十年近くになるが、白山の大自然が生み出す食材の力を何よりも素晴らしいと感じた。白山の人たちが割るオニグルミは、金沢の老舗《しにせ》の和菓子や副食品に用いられ、独自の味を支えている。その白山より届く高価な生のオニグルミをブレンドのたびに炒る。炒りたてのオニグルミの美味しさは、「天にも昇るものである」といって過言ではないだろう。

　私が開発したかったのは、自然の恩恵を豊かに受けて育ち、自然の恵みを敬う人の手で愛情をもって作られた食品である。工房産の酵素を生かし、より美味しく食べられる安心安全な新商品を開発しようと試行錯誤を続けた。「ワンスプーン」の意図は、食べる人にそこに籠められている宇宙を感じとってもらい、感謝して心身ともに健康になってもらうことにある。

今の日本で、私たちの周りに「これを食べれば元気を取り戻せる」と思える食品がどれくらいあるだろうか。子どもに手作りのおやつをあたえる母親が少なくなっているように感じている。若い母親に食品添加物の害についてしっかりと学んで理解してほしい。我が子の身体に入る一年間の食品添加物の量がどれほど多いか知ってほしい。ヒトはゼロ歳から三歳までに体重は約五倍に増え、身長は六歳から十一歳までに約三〇センチ伸びるといわれている。伸び盛りの子どもにとって食生活は最も大切である。

現在、日本人のがんの罹患率は、女性が二人に一人、男性は三人に二人となった。年々増加するその数値にどきどきしながら、原因のひとつは知らず知らずに身体に入る有害物ではないかと考える。私は食品に含まれているものを全てチェックして購入する。調べて悪影響のある食品は、周りの方にも注意を促す。

「しあわせのワンスプーン」の中には、玉虫の羽音や子どもたちの「ゆりかご」を揺らす風も含まれていくだろう。

「しあわせのワンスプーン」に含まれる主な食材の効能

【クルミの効能】

＊ワシントン大学がナッツ類の中でオメガ3脂肪酸が最も多く含まれるとし、生活習慣病の予防効果を発表。

＊ウーロンゴン大学（オーストラリア）のリンダ・タプセル教授（栄養・食品学）が、栄養をバランスよく摂取できる重要なホールフード（素材を丸ごと食

「しあわせのワンスプーン」

べられるもの）であると発表。

＊ハーバード公衆衛生大学院の研究者の発表によると、クルミを豊富に含む食事により、体重増加をもたらすことなく総コレステロール値とLDLコレステロール値が低下することが確かめられた。

また、同大学院で十二万人を三十年間追跡調査したところによると、普段からナッツを食べる人は心臓病の死亡率が二九％下がるとの結果が出た。データは海外産のクルミを元にしているが、国産オニグルミの効能はさらに良いものであろう。

＊二〇一五年に日本で開催されたアジア栄養学会議で、クルミに関する研究成果が紹介されたなかで、コネチカット大学院ダニエル・ローゼンバーグ教授によるクルミの摂取とがんの予防についての研究において、クルミの栄養分はがんの成長を抑制《よくせい》する効果があると発表された。

【蜂蜜の効能】白山市の山で採れる栃の蜂蜜を主とする

＊疲労回復、高血圧の予防、咳《せき》止め、整腸《せいちょう》作用。サレブ・レジャイナ大学の研究で、最高の抗生物質であると発表された。

【ブルーベリーの効能】保存料、着色料不使用の干しブルーベリーを使用

＊視力回復効果、高血圧抑制（野生種ビルベリー）、病気や加齢による脳のダメージを抑える。

【ジャバラの効能】和歌山特産の柑橘の果皮を使用

＊果皮に抗アレルギー作用が強い「ナリルチン」が他の柑橘よりも大量に含まれ

ている。「ナリルチン」は花粉症の緩和に効能がある（岐阜大学大学院医学系研究科の臨床実験による）。

＊果実よりも果皮に二十倍の「ナリルチン」が含まれているとされる。二〇一六年九月より、その和歌山産の果皮のみを粉末にした「ジャバラ果皮粉末」を入れている。分量に関しては、花粉症の症状のある方の希望も入れたいと思う。

【キーウイの効能】工房産有機キーウイを使用

＊キーウイに含まれる栄養の中で、ビタミンCの含有量はフルーツの中でもトップクラスに入る。

＊ビタミンCは、脳内神経伝達物質を活性化させるのではないか、また、自律神経を整えるのに役立つのではないかと注目されている（ニュージーランドオタゴ大学バイザー教授研究室）。

＊岐阜大学大学院医学系研究科の臨床実験によると、果皮に抗アレルギー作用が強いナリルチンが大量に含まれていることが報告されている。

【柿の効能】蒲公英工房産有機柿を使用

＊ビタミンC、ビタミンA、カロチン、糖質に富む。果実の中でも特に栄養価が高く、身体を冷やすという俗説があるが、実際には身体を冷やさない食べ物である。

【ごまの効能】小澤農場産金ごま使用

＊ゴマリグナン（セサミンも含まれる）には抗酸化作用がある（三重大学大学院勝崎研究室）。

工房の果樹とナッツを漬けた「幸せのワンスプーン」

燦《さん》

キルト『燦』は、白一色の「ホワイトキルト」である。技法の中に、白布のアップリケ、白い刺繍糸によるエンブロイダリー、キルティングした後に綿を詰めるトラプントが施され、二〇〇二年第七回キルト日本展の銅賞をいただいた。これらの技法を用いたホワイトキルトはあまり類を見ないだろう。

多色の布を使ったキルト作品の多い中、白一色のホワイトキルトはすっきりとしていて、根強いファンを持つ。私の創ったキルトの中でも『燦』が一番との声は多い。『燦』のキルトから音楽が聴こえるという感想をいただいたことがあり、驚いたが真に嬉しかった。

燦

185cm×185cm（2002 年）

『日本書紀歌謡《にほんしょきかよう》』を歌う

工房で最初に開いたコンサートは一周年記念として、地元で活躍《かつやく》している邦楽《ほうがく》演奏家たち（箏《こと》・尺八）を招いた。三周年コンサートには和歌山大学教授・米山龍介氏にオーボエ演奏をお願いし、五周年コンサートの際には正眼寺の師家、山川宗玄老師による法話と辻本公平さんによる尺八演奏だった。このときは、百名近い方が参集された。

『日本書紀歌謡』のレクチャーコンサートの第一回は、工房十周年のイベントとして二〇一二年七月二十二日に開かれた。佐藤湖芳さん*5による日本書紀歌謡の解説、尺八演奏家・辻本公平さんによる編曲と演奏、伊藤江里菜さんによる歌と箏の演奏で、「初夏の爽やかな風とやわらかな陽射しに包まれて・・・一三〇〇年の時を超えて、日本書紀歌謡が現実の音楽になります」という案内に誘われて参加された人々が不思議な旋律《せんりつ》に耳を傾けた。

そして、この工房でのコンサートを皮切りに毎年、東京オペラシティの近江《おうみ》楽堂《がくどう》で「旋律の泉を訪ねる　日本書紀歌謡レクチャーコンサート」と題したコンサートを開いている。演奏者は琵琶《びわ》奏者の塩高和之さん、龍笛《りゅうてき》は国際的フルート奏者の久保順さん、尺八奏者の田中黎山《れいざん》さん（和歌山出身）、箏奏者の内藤美和

日本書紀歌謡レクチャーコンサート（近江楽堂）

さん。まさか古代の歌謡を歌うなど想像もしなかったであろう順さんと黎山さんは、小学生のころから合唱団で歌っていたという歌うことが大好きな方たちだった。

「聖徳太子《しょうとくたいし》の歌」「大和武尊命《やまとたけるのみこと》の歌」「衣通姫《そとおりひめ》の歌」「素戔嗚尊《すさのおのみこと》の歌」など次々に披露される歌の中で人気が高いのは、毎回のコンサートの最後に順さんの指導により皆で歌う「枯野《からの》の琴」である。「さーや　さーや　さーや　さあああ　やああ」のフレーズを母音を大切にして歌うが、古の人たちがどのように歌っていたのかを体験できる。東京オリンピック開催年の二〇二〇年、『日本書紀』は編纂一三〇〇年を迎える。

パッチワークキルトの展示会と日本書紀歌謡レクチャーコンサートをコラボして企画することも多い。二〇一七年六月に鹿児島「黎明館《れいめいかん》」、九月には金沢21世紀美術館の展示会に合わせて、金沢市のお隣の白山市のホテル「望岳苑《ぼうがくえん》」で、ディナー付のコンサートを企画した。「枯野の琴」「素戔嗚尊の歌」の二曲はYouTubeでも配信されているので、是非お聴きいただきたい。

本書の中で工房を背景に自然光の中で撮影したキルトの写真は、オーストラリア・タスマニア出身の映像作家、サイモン・ワーン（Simon Weame：和歌山大学観光学部准教授）さんに撮ってもらった。サイモンさんは映像ジャーナリストとして活躍し、世界的に高い評価を受ける一方、太地町の古式捕鯨を研究し、日本の伝統捕鯨の擁護者でもある。

『燦《さん》』の撮影には小さなエピソードがある。戸外で撮影中、キルトの上に小さなカエルが遊びに来た。居心地が良いのか、白いキルトの上にピタッと張り付いたまま動こうとしない。小さな闖入者に、サイモンさんも私も童心に返り大喜びした。

真っ白なキルトを枯れススキの山にのせて低い姿勢で撮影したが、白いキルトと白い雲がぴったりとマッチして素晴らしい写真になっていた。

サイモンさんは撮影中、次々に広げられる私のキルトを見ながら、「まちこはクレージーだ」と連発した。

春愁秋喜

205cm×180cm（*2014* 年）

春《しゅん》愁《しゅう》秋《しゅう》喜《き》

『春愁秋喜』のキルトには、和布を用いた春の七草（セリ、ナズナ、ゴギョウ、ハコベラ、ホトケノザ、スズナ、スズシロ）と、秋の七草の花が楽しく遊んでいる。

万葉集、山上憶良《やまのうえのおくら》の歌
秋の野に咲きたる花を指《および》折《を》りかき数ふれば七種《ななくさ》の花
萩の花尾花葛花《くずばな》瞿麦《なでしこ》の花女郎花《おみはへし》また藤袴《ふぢばかま》朝貌《あさがほ》の花

巡る季節が七草の花風を変わらずに届けてくれることに感謝しながら、針を進めた。

料理講習会

工房にあるいろいろな食材は、それぞれに大きな力を持つ。工房を開いた当初は、まだ春が遠い時季に頭をのぞかせているタケノコを見つけて早速掘り起こしたものだが、市場に並ぶころにはその数をもてあますほどだった。外の竈《かまど》を使って夕ケノコを茹《ゆ》で、いくつも瓶詰《びんづめ》にしたことを懐かしく思い出す。敷地を流れる小川にはわさびが自生《じせい》している。昔はわさびがたくさん採れ、「大阪に売りに行ったら四、五日は遊んで来られた」と地元の方に聞いた。

工房の料理講習会は「春の酵素作り」「わさび料理を楽しく」「柚子《ゆず》を使って」「ミョウガを使った料理」「梅料理の数々」「柿酢造り」「栗の渋皮煮《しぶかわに》」等、オリジナルレシピを作って講習している。集うメンバーは毎回十人前後の常連が多く、できた料理を試食し合う楽しい集いである。そして講習会の後は、その日のレシピをさらに展開するためにアイデアを出し合う、それが大きな目的である。

「梅料理」の中で、その目的に近づいた。あるとき、尊敬する料理研究家の辰《たつ》巳芳子《みよしこ》さんが、「煮梅《にうめ》を敷衍《ふえん》できず、残念である」と語っておられた。皮が薄い梅を形を壊さずに美しい煮梅に仕上げるには、茹でこぼしの時間や方法に様々な検証が必要でハードルが高いが、工房に集う主婦が十人いればそれぞれに試してみることができるのではないかと考えた。だが、青梅が収穫できる時季は限られており、その短い期間に完璧なレシピを作り出すことは難しかった。それでも毎年、煮梅を作って届けてくれる人がいることは喜びである。

「栗の渋皮煮《しぶかわに》」は私の故郷である宮崎県延岡市で、最後の琵琶盲僧《びわもうそう》と言われた故永田法順さんのお宅にうかがった際に教えていただいた。永田さんは奥様と一緒に一年分のお茶うけ用の渋皮煮を作っておられたが、これが絶品であった。ご教示いただいてからは毎年、山で採れる栗で渋皮煮を作る。渋皮を傷つけないようにするには細心の注意が必要で、繊細《せんさい》な手仕事になるが、仕上がった渋皮煮は他の追随《ついずい》を許さない。

「春の酵素作り」には薬膳《やくぜん》の研究をしている方々も参加され、工房の周囲に今ではめったとお目にかかれない草木がたくさん残っていることに感激しておられた。春の草木の新芽から採取できる水分は少なく、タケノコやイタドリの他に有機ニンジンや小澤農場の低農薬の清美オレンジも加え、てんさい糖等の糖分で抽《ちゅう》出《しゅつ》する。

工房が発信する食材や食品は、お金を積めば買えるものではない。ご縁がある方に送り、分かち合うものである。太古の昔からある食材を身体に取り入れ、四季の実りから大自然の「気」をいただく。私は「作り手の顔の見えるものを」という意識が強く、老舗の和菓子やこだわりの見える洋菓子（友人の〝ケーキハウスひいらぎ〟[*6]のもの等）が好きで、有田の小澤農場や宮崎の岩切農園[*7]の果物を心待ちにしながら暮らす。

母親の手から生まれるおやつは、子どもたちにとってどんなにうれしく、心をあたためるものだろうか。おやつがふかし芋だった私の子どものころ、母が作るおはぎがどれほど美味しかったことか。こし餡《あん》を作る母の背中を見て育ったからこそ手間を惜しまず、白熊《しろくま》アイスを一晩に五十個作る（セミプロ用アイスクリーマーの製造量は一回約一時間で十個位）ことができるのだと思う。こだわりの牛乳・フルーツの無添加《むてんか》アイスである。白熊アイスや果実のシャーベットが入っている夏の「山の幸便」は、キルト教室の生徒のお孫さんたちがファンで、毎年楽しみに待っていてくれる。

赤子にとって母親のおっぱい以上のものはない。母親の役割は、時代がどう変わろうと普遍である。子どもたちが成長して、「お母さんが作ってくれた○○の味が忘れられない」、そう言ってもらえたらどれほどうれしいだろう。

健康なくしては、どんな偉業も為しえない。子どもたちの健やかな成長を希うからこそ母親は日々の食卓に心を配る。そのことが「料理講習会」を開く意義でもある。

タケノコ、青梅、ふきのとう、栗、工房の豊かな食材と酵素の材料

蒲公英《たんぽぽ》工房《こうぼう》　楽しいクッキング

□**わさび料理**　下処理したわさびを使って

わさびの辛味を残す下処理法三種

〈その一〉八〇度のお湯を用意し、この中に一分間、わさびの葉・茎を入れる。取り出して、密封容器（または密封できる袋）に入れて冷まし、冷蔵庫に入れる。

〈その二〉わさびの葉・茎を一センチ位にカットし、軽く塩を振り、熱湯をかけまわす。ざるにあけてすばやく冷まし、勢いよく水を振り切る。これを密封容器（または密封できる袋）に入れて冷蔵庫で冷やす。

〈その三〉広口ビンを用意し、ビンの長さに合わせてわさびをカットしてビンに入れ、熱湯を注ぎ入れる。蓋をして冷蔵庫に入れる。

＊〈その二〉の方法が最も辛味は残るが、失敗するとまったく辛味の無いものになる。
〈その三〉の方法が最も簡単で、ある程度の辛味が出る。

■**わさび寿司**：鯖《さば》（しめ鯖を使ってもよい）やサーモン（生食用）を酢でしめ、酢飯にのせ、わさびの葉で巻く。

■**おひたし**：カットした茎と葉に、だし醤油と削り節をかける。

■醤油《しょうゆ》漬け：みりんと醤油を合わせたものにカットした茎や葉を漬け込み、密封容器に入れ、冷蔵庫で冷やす。

□柚子の香りを生かした料理

■柚子ドレッシングのサラダ

［材料］

柚子一個（しぼり汁と皮を使用）。トマト一個、水菜一束、キュウリ二本。あればルッコラ・クレソン・セロリ・レタスなどの野菜も使う。

〈ドレッシング〉オリーブ油六〇cc、柚子のしぼり汁大さじ3、醤油大さじ2、砂糖大さじ2、黒こしょう少々

［作り方］

①野菜を切る。トマトは十字に切り込みを入れ、熱湯に三秒ひたし、氷水にとり湯むきして二センチ角にカットする。水菜は三～四センチにカットし、冷水につけてパリッとさせ、水気を切る。キュウリは乱切りにする。他に残っている野菜も使う。
②ドレッシングを作る。先に醤油と砂糖を溶かし、柚子のしぼり汁を加え、少しずつオリーブ油を加え、黒こしょうを入れてよく混ぜあわせる。
③野菜を混ぜ、ドレッシングをかける。
④柚子の皮を薄切りにしてちらす。

■柚子ティー

［材料］

柚子5個（大）、蜂蜜

［作り方］

①柚子を水洗いし、ふきんでふき、四等分にし、皮のみを薄くスライスする（スライサーを使うとよい）。

②耐熱のビンを用意し、煮沸消毒（レンジで一分）し、②の皮を入れ、蜂蜜をひたひたになるくらいに入れる。

③冷蔵庫で保存する。

＊約一週間くらいから飲めるが、長く置くとマーマレード状になる。カップにスプーン一杯の柚子を入れ、熱い湯を注ぐ。

■柚子ポン酢

柚子の絞《しぼ》り汁、同量のだし醤油（アサムラサキ）を混ぜ、だし昆布一〇センチ位を入れてポン酢を作る。容器は、酢の空き瓶《びん》を利用するとよい。

＊種をアルコール度数二五度の焼酎に入れておくと、化粧水に使える。

みょうが

□みょうがの香りを楽しむ

■みょうが甘酢《あまず》漬《づけ》

［材料］
みょうが十個、塩ひとつまみ
〈甘酢〉柿酢一〇〇cc、てんさい糖大さじ5、塩小さじ1／2

［作り方］
①甘酢の材料を火にかけ、沸騰《ふっとう》したら火をとめて冷ます。
②みょうが（大きければ半分に）を塩ひとつまみ入れたお湯に入れ（十秒位）、熱いままを①の冷めた甘酢に漬ける。
③密封容器で保存する。
＊冷蔵庫に入れておくと半年以上保《も》つので、多めに作るとよい。

■みょうが寿司　みょうがの甘酢漬を使って

［材料］
みょうが甘酢漬、合わせ酢、シラス（乾いたもの）、大葉、ごま（あれば生のみょうが）

［作り方］
①合わせ酢（米酢もしくは柿酢・砂糖・塩）で酢飯を作る（甘酢漬の漬汁も利用する）。
②みょうが甘酢漬と大葉を細かく刻み、甘酢をかけたシラスと一緒に酢飯に混ぜ

合わせる。

③あれば細かく刻んだ生のみょうがをのせ、炒《い》りごまをかける。

＊みょうが甘酢漬を半分に割り、にぎり寿司の大きさの酢飯を作ってその上にのせ、刻んだ大葉とごまをちらしてもよい。

■みょうがのサラダ

［材料］

サラダ菜二個、キュウリ一本、トマト一個、ワカメ少々、豆類（ゆがいてあるもの）、みょうが甘酢漬（ルッコラ・セロリ等、好きなものを足す）

〈ドレッシング材料〉 オリーブオイル大さじ3、塩、みょうが甘酢漬汁大さじ5（なければ米酢か柿酢に砂糖小さじ2）、白だし醬油大さじ2、ごま、刻んだ甘酢漬けのみょうが

［作り方］

①ボウルに野菜・ワカメをカットし、豆類を入れる。

②ドレッシングを作る・・オリーブオイル、みょうが甘酢漬汁、白だし醬油をよく混ぜ合わせる。

③ドレッシングに刻んだみょうが甘酢漬を混ぜ、炒りごま大さじ1を入れる。

④食べる直前に盛りつけた野菜サラダにドレッシングをまわしかける。

春の酵素「春宵物語」

蒲公英工房手作り酵素の作り方

［用意するもの］

まな板、包丁、ボウル、ザル、茶漉《こ》し

漬けこむための容器（漬物用のプラスチック容器、ホーローや陶器の容器、広口瓶等）

保存するための容器（広口瓶、ホーロー容器）

［材料］

蒲公英工房の酵素は、基本は春と秋に作る。その間の梅・ビワは大量に採れる時期に単独で漬け込んでおき、後からブレンドする。基本は有機の材料で、排気ガスがかからない場所で育ったものを用いる。

■春の材料　草木の新芽、薬効があるとされる植物

ヨモギ・七草（セリ・ナズナ・スズナ・スズシロ・ホトケノザ・ゴギョウ・ハコベラ）・ワサビ・イタドリ・フキノトウ・ツクシ（スギナ）・ワラビ・ゼンマイ・カキドオシ・キランソウ・カンサイタンポポ・スミレ・セキショウ・ノアザミ・ユキノシタ・レンゲソウ・シロツメクサ・ドクダミ・オオバコ・クズ・ウド・タケノコ・カキ・コブシ・カリン・アマチャ・ボケ、アマチャの新芽

■秋の材料

アケビ・ザクロ・冬イチゴ・カキ・キーウイ・カリン・シイタケ・ユズ・クズの花・栗・アキノキリンソウ・ウドの花・ゲンノショウコ・センニンソウ・ツ

ユクサ・ツルリンドウ・ナンバンギセル・ミゾソバ・ヨナメの花々

他に岩切農園より届く低農薬キンカン・文旦・小澤農場の低農薬柑橘を用いる。有機のカボチャ・ニンジン・サツマイモは物々交換で手に入る。

一年中を通じて昆布・茎ワカメ・テングサ・フノリ等の海のものを少しずつ入れる。工房産の梅の古木にできるサルノコシカケも削《けず》って入れる。

[作り方]

①材料をカットする。草や新芽は4~5センチに、果物類は3~4ミリに薄切りにする。

②てんさい糖と白砂糖を材料と同量用意し、容器の底に敷き、材料と砂糖を交互に入れ、最後に砂糖を上部にかけておく。

③毎日四、五回素手《すで》で混ぜる。

④十日~二週間置いて材料の水分が無くなったら茶漉《ちゃこ》しで漉し、汁を別の容器に移しかえる。発酵を続けるので布でおおうこと。蓋《ふた》をするとふきこぼれる。

⑤水や氷水で割って飲む（お湯で割る時はぬるま湯を用いること）

[ポイント]

・水分の多いものを入れすぎるとカビやすいので気をつける。

・基本柑橘類は他のものと混ぜ、少な目に用いること。

・酵素液をとった後の材料は別の容器（密封袋でもよい）に保存し、入浴時にネットに入れて浸けると酵素風呂になる。

蒲公英工房産酵素の材料

星　窓

200cm×200cm（1996 年）

星《ほし》窓《まど》

『星窓』のキルトのボーダーには、藍染《あいぞめ》の古布《こふ》の鶴と亀が配置されている。この古布は大変貴重なもので、高知の旧家を実家に持つ友人が、蔵にあったものだと送ってくれた。「ガーデンメイズ」というパターンの中に、三十二種類のバスケットのパターンや八種類のアップリケが入っているが、布は種々の古布を用いている。

ボーダーの鶴と亀をどのように配置するかを思案している時に、「使った布の中で、最も貴重なものは？」と訊かれ、鶴と亀の藍染の古布以外では藍染の格子模様の一部に絹糸を使っている一枚だと答えた。木綿の藍染の格子模様はたくさん見てきたが、その一部に絹糸が使われている端裂《はぎれ》に出会ったことはなかった。

その一片の古布に「鶴と亀の眼差しを向けるように」というアドバイスを受け、たくさんの視点が一点に集中したその瞬間に、『星窓』のキルトは完成した。その話をドイツ・フライブルクで開いた個展のギャラリートークの折にし、通訳してもらうと大きな拍手が起こり、「あなたのキルトには全てにそのような物語があるのですか」という質問を受けた。

私のキルトに限らず、どのキルトにも重ねる一針一針の中に物語は含まれていくものと思う。

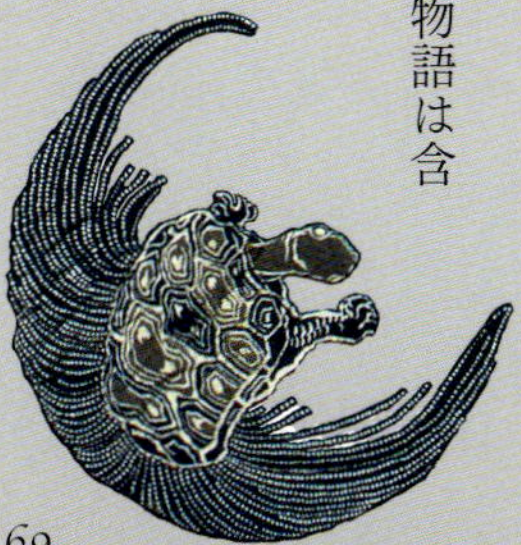

工房作品展

パッチワークキルトの教室を始めて三十余年経つが、二、三年に一度開いていた教室展を山の工房で二回、二〇〇六年と二〇〇八年に開いた。大小約一五〇枚余りのキルトを、母屋・離れ・茅葺きの家、そして茅葺きの家に通じる小道沿いの柿の木に渡した竿にもかけて展示し、大勢の方に見ていただいた。

二〇〇八年に十二回目となる教室展を工房で開催した様子は、工房ホームページのブログランキングのトップ10に常に入っている。その中には病気で亡くなった生徒二人の作品もあり、たくさんの方々に見ていただいていることを心から嬉しく思っている。

和歌山市内から蒲公英工房までは車で小一時間かかり、その間にはバス等の公共交通機関はなく、山道の運転もやや難易度が高いこともあり、作品展を見に行けないと残念に思われる方も多かった。それが、工房での作品展を二回でやめた大きな理由でもある。そんな中、「どうしても、もう一度見たくて来ました。娘と孫にも見せたくて」と二日つづけて来山した方がおられた。お孫さんは生後半年くらいの女の子で、母親の抱っこバンドの中で微笑んでいた。私が色づいていた柚子の実を一つ採り、若いお母さんに手渡すと、「いい香りでしょう?」と女の子の顔に近づけ、「今日のお山のことは、この子が大きくなっても覚えていてくれると思います」とにっこりされた。

山の工房に行きたいと常々おっしゃっていた中村ヤイさん（二〇一七年五月逝去《せいきょ》）も、展示会の鑑賞をかねて東京より来られた。初期より「キルトジャパン」の編集に関わり、編集長として長く活躍した後も、ヴォーグ社でキルトサロンを開いたりキルト塾を企画したりと、多くの業績を残された。

オランダ・イギリス（キルトフェスティバル）の旅にご一緒した折に「協会で仕事をしませんか」と声をかけていただき、本部（公益財団法人日本手芸普及協会の本部講師）の仕事に関わることになった。帰国後には、東京のヴォーグ社一階のキルトサロンを会場にした作品展も実現した。晩年にも「あなたのアップリケの技術は素晴らしいわね」と褒めていただいたが『星窓』のアップリケを見て「古布を使うのは大変でしょう？　よくやったねぇ」と言葉をかけてくださったときには、それまでの苦労が瞬時に吹き飛んだものだ。

工房で作品展を開いたときは、キルト数十枚に囲まれた部屋に、ヤイさんと二人で布団を並べた。ヤイさんが「こんな体験は初めてよ。どんな夢が見られるでしょうね」と、嬉《うれ》しそうな顔をされたことが昨日のことのように思い出される。

その後、月の半分近くを東京で過ごすようになった五年くらい前から、ほとんど毎月、私はヤイさんの小金井のご自宅にうかがった。ヤイさんのそばにはいつも針山とカットした小さな布が置いてあり、チクチクと手を動かしておられた。

工房で開いたキルト展とヤイさんが縫ったキルト

最後に入院された病院では、疲れさせないように二時間までと決めてお見舞いにうかがった。共に過ごした「仲良し時間」は、ヤイさんが亡くなった今も私の宝物である。

ヤイさんは、若いときに海外で求めた布を生かしてパッチワークキルトを作っておられ、亡くなられた後、その手仕事の数々をお預かりし整理することになったが、膨大《ぼうだい》な仕事量に驚嘆《きょうたん》した。

淡墨桜《うすずみざくら》や白木蓮《はくもくれん》が咲く季節に、毎年工房での作品展を企画したいと思っている。三年に一度の大きな展示会ではなく、小さな規模の作品展を開き、皆さんに楽しんでいただくのもいい。それを毎年同じ季節につづけることができたら、心待ちしてくださる方も増えていくだろう。

鳴響む海
185cm×185cm（*2001* 年）

鳴響《とよ》む海《うみ》

一九九七年に和歌山市の景勝地《けいしょうち》である雑賀崎《さいかざき》沖を埋め立てるという計画が承認されたことがあったが、雑賀崎の自然を守ろうと市民が立ち上がり、埋め立て計画は白紙撤回された。

その際、私の周囲でも何か行動に起こそうと、毎月の勉強会「雑賀崎の埋め立て計画について学ぶ」を開き、雑賀崎の「番所庭園《ばんどこ》」を貸し切ってコンサートを開いた。そのコンサート会場に飾ったキルトが『鳴響む海』で、雑賀崎に伝わるハナフリ伝説（お彼岸の夕日の美しい時刻に、天上より花が舞い降りる）を円形のキルトに表わした。

夕刻にバンスリ（インドの横笛）の音色が海風にのって響いた。夕日に海がキラキラと輝き、この美しい海は世界に繋がっていると実感し、計画をなんとしても止めなければと、皆の心が一つになったように思う。

和歌山の山と海

環境問題

二〇〇七年、和歌山に風力発電計画があることを知り、月一回「風力発電について学ぶ」集まりを工房や現地で開いた。雑賀崎埋立問題が起きた際に出会った若い新聞記者Mさんの「和歌山の山を守ってください！」というひとことに動かされてのことだった。この件の詳しい経緯は、私が代表を務めた「無望の会」のホームページ（mubounokai.blogspot.jp）を検索していただきたい。

由良《ゆら》町《ちょう》阿戸《あと》で旅館を経営する高垣由美子さんの「納得できないまま大きな手裏剣を、先祖代々関わってきた山々に突き立てることはできない！」という言葉にも強く共感した。私は、実際に健康被害の出ているお宅に、「風力発電の被害を考える会・わかやま」の顧問で、低周波音の人体への影響を調査研究しておられる汐見文隆医師をご案内した。汐見先生は二〇一六年に亡くなられたが、先生については、『医師・汐見文隆の行跡』（「和歌山から公害をなくす市民のつどい」・松浦攸吉編、同発行）に詳しい。その後も汐見先生のお宅にうかがい、そのたびに「皆さんにもどうぞ読んでもらってください」と先生が書かれたご本や資料集などをたくさんいただいた。

二〇〇七年十月に、県知事宛てに要望書「風力発電による危険性と景観破壊は

和歌山県庁関係者に要望の内容を説明する著者

和歌山県には不必要」を提出。担当者に三九四三名の署名「県独自のアセスを作る／景観破壊である風力発電計画反対／情報を県民に明確に伝える」を集めて提出し一区切りとしたが、その後も『ストップ！　風力発電』（アットワークス）の著者、鶴田由紀さんとの繋がりで得た情報を、「茅の会」やコラムで伝えた。

それから四年後の二〇一一年、元高校社会科教諭の梶川哲司さんから「汐見先生にご紹介いただきまして」と連絡があり、近くの文書館でお会いした。梶川さんは風力発電について間違ったことを生徒たちに教えたと悔やんでおられ、今後は自分にできることで生徒たちに示したいと語られた。その折に「茅の会のゲストに」とお誘いしたが、「私が皆さんにお話しできることはありません」と固辞された。その三年後に「茅の会」のゲストでいらした梶川さんのテーマは「和歌山と夏目漱石」で、その研究で大桑文化奨励賞を受賞されておられる。最初にお会いしたときに引き下がったことを残念に思った。雑賀崎の埋め立て問題の際にも説得力のある一文を発信されていた。『夜と霧』などの著者で自らアウシュビッツを生き抜いたオーストリアの精神科医、ヴィクトール・フランクルの生き方に感銘を受け、ご自身の存在を実例として生徒に示し、自分自身が彼らに教えたように生きていこうと決められたという。梶川さんに出会った生徒たちは幸せだと思う。

風力発電に関する発信をしていたときに、見知らぬ方より手紙をいただいた。

突然のお便りを差し上げる失礼をお許し下さい。どうしてもお伝えしたいとの思いが募り、ペンを持ちました。黒田さんがご自分の住まわれている山に起こったことではないのに、和歌山の山に起きようとしていることを何とかしたいと動かれていることに感激しました。私は山で生まれ、五十年余を山に囲まれて過ごしています。もし自分の山に風力発電計画が起きたらと考えました。「反対、反対」と叫ぶのではなく、皆でしっかり学ぶことから始めるということを教えていただきました。このことは問題が起きた時の全ての事柄に当てはまることではないかと思いました。

自然の中の暮らしを当たり前のように思って生活してきましたが、突然、何かが起きることもあるのですね。私の生まれた環境を、次の世代にもその次の世代にも渡す責任があるのだと感じています。ありがとうございました。

予期せぬ方からの、励ましのお手紙は格別に嬉しい。誠意の感じられない事業者の言葉や、計画性が認められない公的機関からの返答は虚しい。曇っていた私の心が、清々しく晴れたお便りだった。

県への要望書を提出して十年経った今年（二〇一七年）、県と町の暴挙とも言えるニュースが飛び込んできた。風力発電の巨大風車十二基を海南市、紀の川市、有田川町、紀美野町に建設するというもの。クリーンエネルギーの美名《びめい》のもと、風車は自然災害を助長し、環境破壊を招く。さらに、多くの住民にとっては、不安と訳のわからない病気を引き起こす原因となる。

由良町風力発電による健康被害者の肉声ビデオを作成された松浦収吉さんのビデオ上映会を近々工房で開く予定である。

「一基たりとも許してはならない」もののけ姫の眼が光った。

華微笑

100cm×100cm（2009 年）

華微笑《はなみしょう》

キルト『華微笑』は、五ミリに満たない小さな布も使っている。

かつて、生徒たちとテーマをミニキルトと決め、展示会をしたことがある。二センチ以下の布のピースを縫う作業は大変困難で、キルティングの際にも縫い代が多く苦労した。その一メートルのミニキルト作品を作るのにかかる時間は、約二メートルサイズのベッドカバーを作る時間とほぼ同じである。

パッチワークの原点は「捨てられようとしている小さな布の一片を生かす」ことであるが、正にその原点回帰のキルトである。キルト歴の長い一人の生徒が「これまで何枚もの大きなキルトを作りましたが、このミニキルトの作品だけは手放せませんと言ったのは、精魂《せいこん》込めた作業の度合いが違うからだと思う。

ミニキルト『華微笑』は私にとってもかけがえのない一枚である。

パッチワークキルト研究会

　春と秋の二回、工房でパッチワークキルトの研究会を開いてきた。遠方からの参加者もいる各教室合同のこの集まりは、主婦の本領発揮（生徒の約八〇％は主婦かパートタイムで働く人たち）の場で、まずは全員で工房の掃除をする。これは、工房を開く前の無住の古民家を生徒たちに応援してもらい、徹底的に掃除をしたことから始まる、良き慣習だと思っている。

　私は二十年近く公益財団法人日本手芸普及協会のパッチワーク部門の本部講師として、講師の有資格者を対象とした全国展開の学習会の企画及び講座担当を務めてきた。パッチワークの技法やデザイン及びその展開法についての学びは尽きることはない。研究会はそれらを学ぶ場として、日ごろ顔を合わせる機会のない曜日の異なる教室の人たちが一同に集い、研鑽を積むという意義もある。

　展示会に向けてオリジナルのキルトを作るための学びの場であり、個々にデザインを描いてもらうことも多い。キルト歴の浅い生徒たちにとっては、クラスの違う先輩の作業を目にする良い機会でもある。

　二〇一七年春の学習会では、百年以上前のアンティークキルトを見ながら、その時代の布等についての講義をした。

　その時代を象徴している三枚のアンティークキルトはベッドカバーサイズで、そのうちの一枚は、その時代特有の緑色の布を使ったアップリケキルト。もう一枚は、当時の特色ある布を使った菱形のスクラップキルト。そしてもう一枚は、やはりその時代を代表するピンクの布をラティスに使ったバスケットパターンのキルトである。これらは、今年（二〇一七年）五月に逝去された中村ヤイさんが所蔵されていたもので、まだ意識がはっきりしておられたときに、私はヴォーグ社の新社屋ギャラリーに寄贈することを提案した。ヤイさんからは「いいよ。あなたに任せる」と言っていただき、その前に工房で生徒たちに見せたいという私の願いも快諾された。

　生徒たちは初めて見る素晴らしいアンティークキルトの前で、キルトを作る喜びを再確認したようである。

ヤイさんが残したアンティークキルト。上からアップリケキルト、スクラップキルト、バスケットパターンのキルト

展示会に足を運び、『華微笑』のキルトの前に立ったたくさんの方から「工房のお花たちがこのキルトのモデルですね」という声をいただいた。工房の春夏秋冬、四季折々に出会う花々が多くの気づきをもたらしてくれる。それは、その地に悠久の昔から生命を繋いできたことの尊さである。春先、その年初めてヤマツツジや山吹、スミレの花たちを見つけたときの嬉しさは、春一番に出会ったときに感じる「今年も変わらずに風が吹いた！」という思いと重なる。一輪とて同じ花はない、その花々に出会う喜び。

今後、県外（教室は東京・大阪・金沢・岡山・博多・鹿児島でも月一回開催）の生徒たちが工房に泊まり込んで共に学ぶ楽しい研究会にしたい。

敢えてその日の午後に開いている「茅葺きの家の集い」で、「茅の会」のメンバーと合流することも、研究会参加者の皆さんが日常では経験できない未知の世界を繙《ひもと》くきっかけとなるだろう。

工房の春の花々とキルト製作中の著者

白蓮のかおり

178cm×160cm（2005 年）

受取人払郵便

早良局
承　認
1108

差出有効期限
平成30年８月
30日まで
（切手不要）

郵便はがき

８１４８７９０

福岡市早良区西新７丁目
1-58-207

木　星　舎　行

購入申込欄

本書の追加ご購入は，このはがきで直接小社にご注文ください。郵便振替用紙を同封の上，お送りいたします（３冊以上は，送料無料）。なお，書店に注文される場合は，地方・小出版流通センター取扱書ということでご注文下さい。

わさびの里より	冊

通　信　欄

本書に対するご意見・ご感想などお聞かせください。今後の参考にさせていただきます。

■ ご住所

TEL　（　　）

■ ご氏名

■ お買い上げ書店名

■ ご意見・ご感想

ありがとうございました

白蓮《びやくれん》のかおり　千年色のキルト

職業柄、その方が大切にしてこられた着物をいただく機会がある。『白蓮のかおり』に用いた濃紫色の和コートは、数多《あまた》の着物を持っている高市喜美さんにいただいた。「どれでも好きなものを、何枚でもお持ちください」と勧められて、「一枚だけいただきます」とこの着物を選んだ理由は、これほどに深い紫色の着物に出会ったことがなかったからだった。

染色家の吉岡幸雄氏は一番好きな色は紫、その理由を「染めるのに一番難しい色彩だから」と述べている（著書『千年の色』〈PHP研究所〉より）。

縫いものが好きだった亡き母が、私の手伝いをしたいと着物を解《ほど》く作業をかって出てくれた。その母が解いてくれた濃紫色の着物を使って『白蓮のかおり』を創った。母が他界した後に姉から、「濃い色糸の針目が見えにくくて苦労したよ」と話していたことを聞き、母の仕事に深く感謝した。

母は、私の書くコラムを毎回楽しみにしていてくれた。

コラム「わさびの里さらさら」

地元紙・和歌山新報の「しんぽうサロン」のコラム「わさびの里さらさら」は、二〇〇三年四月より二〇一四年五月まで五十三回連載された。十一年間、工房から発信しつづけた事柄は、里山の暮らしの中で感じる環境問題、食全般への思い、それに文化を加えて、海外からの来客との交流などで、その時々に感じたことを綴ってきた。振り返ると、題材として取りあげた中で、最も多かったものは食に関するものであった。

水

「しんぽうサロン　わさびの里さらさら　1」より抜粋

水は全ての生命の根源ですが、さらさらと流れる水の音ほど気持ちの良い音感はありません。そのせせらぎの音を聴き、やわらかい光の中で梅の花の香をたっぷりとふくんだ三つ葉の美味しさは、工房を訪れて下さる方たちとの食卓の笑顔の源になっています。工房の椎茸を甘く煮て、その椎茸の甘煮と三つ葉と卵焼きを芯にした巻きずし、茶碗蒸しもこの三つ葉があれば蒲鉾《かまぼこ》と椎茸と銀杏《ぎんなん》で十分、かき揚げは三つ葉と干しエビで。ほうれん草と三つ葉の胡麻和《ごまあ》え、乾燥湯葉《ゆば》と三つ葉のおすましを添えれば、何と豊かで身体の芯まで元気になる季の膳でしょう。

（二〇〇三年四月掲載）

わさびの花

最初に私の心を動かしたのも「その古民家の敷地内を流れる小川にわさびが自生しているんですよ」という言葉だった。わさびは清流のそばでしか育たない。工房の水は山上からの湧水で、集落の十七軒の家にのみ届く。東北大震災の後、原発事故により東京の水が危ないと聞き、子どもがいる知り合いや同じマンションの住人の方たちにその水を送りつづけた。

奥佐々に引っ越したばかりのころに、工房の排水も海に流れていくという思いで、安全な洗剤などを選んで使っていると隣人の大橋尚高・幸ご夫妻に話すと、「生活排水が入った田んぼの米は米ではない。この下の田んぼの米はよう食べん」と言われた。「市内のお米よりはずっとましですよ」と言いながら、長く湧き水の棚田のお米だけを食べてきた人の本音だと感じた。分けていただいたお米の美味しかったこと！

奥佐々に縁あって以来、和歌山市内でも東京でも、台所で料理に使う水はここの水を使っている。幼子のいる家庭やこれから母になる方からの依頼があれば、送料をいただいて月に二回送る。

花梨

「しんぽうサロン　わさびの里さらさら 17」より

黄色にして倒卵円形の梨果、甘い芳香はカリン（花梨）。あの実が落ちてくる季節になりました。

工房内に昔からあるという花梨の木は樹高《じゅこう》一〇メートルほどになっており、毎年熟《う》れるのを待って花梨酒や花梨の酵素を造ります。漢方薬として咳止《せきど》めなど種々の薬効があります。生では味がなく硬い実ですが、落ちてきた実を動物がかじっていることからも、その効能がうかがわれます。

先日、スローフード・スローライフを実践すべく、他府県から和歌山に移り住んだという若いカップルが工房を訪ねて来られました。笑顔の素敵な奥様は、工房の生活を詳しく尋ねられ、「また、何かお手伝いさせてください」という言葉を残して上弦の月が昇るころ帰途につかれました。五年前に初めて奥佐々の地に立ち、荒れ果てた山や畑を目の前にして、この里山を生き返らせなければと無我《むが》夢中《むちゅう》で働いていたころのことを思い出しながら、そのご夫妻に植え時の「ワケギ」の苗と今年大収穫だった「ササゲ（豆）」を来春用の種にとお渡ししました。

種を撒《ま》く作業は、希望という収穫を約束するようなものです。気持ちが萎《な》えそうになることも多い田舎暮らしでは、その土を耕《たがや》す作業があるからこそ新たな力が湧《わ》くのです。

ルーマニアの作家ゲオルギュの本の中に、「たとえ世界の終末が明日来ようと

も、わたしは今日りんごの木を植える」という一節があります。私たち人間が希望を持って種を蒔き、木を植え続けるのだという強い意志を持つ限り、明日、世界が終わることはないと信じます。

東京で多彩な活躍をされている世界的な舞踏家の田中泯《たなかみん》さんの農場より、原種に近いじゃがいもが届きました。このじゃがいもを育てられた泯さんの目は、遙かな未来を見据えているのでしょう。

（二〇〇六年　十二月九日掲載）

花梨の花

神様の通り道

「しんぽうサロン　わさびの里さらさら　31」より

今春、九年目にして初めて二種の桜の開花をみます。一種は岐阜から届いた淡墨桜《うすずみざくら》、もう一種は、現在たくさんの房状の蕾をつけている上溝桜《うわみずざくら》です。

山桜は、花が咲くのに十年かかると言われており、待ち望んだ桜たちの開花です。先月末、淡墨桜のひとひらが掌に舞い降りたときは、天空の彼方よりひとしずくの甘露をいただいたかのようでうれしいものでした。

工房の春一番の仕事は、春の酵素造りです。約五十種の草木の新芽を使う春の酵素は蒲公英工房ならではのもので、都会に住む人たちの憧れです。

新芽以外にも、ワサビ・キランソウ・カキドオシ・タンポポ・アマチャ等の薬効ありとされる花々に加え、今年は上溝桜の蕾も仲間入りしました。新潟県ではこの花の蕾を塩漬けにして食するそうです。

「またひとつ、工房の名物ができますね」と、花の名前を調べてくださった庭師のYさんご夫妻の笑顔がやわらかい風になります。

先週、オーストラリアから訪日した教授や学生たち十五名が工房見学をされました。クイーンズランド大学で建築を専攻する方たちです。引率の指導教授から、日本の古民家や湧き水についてたくさんの質問を受けました。

一行を由良にお送りする途中、山上に林立する風力発電の景観に驚いた方に日本の風力発電について説明しました。私たちが風力発電についての勉強会を最初に開いた時から三年が経ちます。その際、県に計画全般の情報公開・環境アセスメントの徹底・健康被害に関する調査等を求め、五千名近い要望署名を提出しました。今月の三十日には、東京で風力発電に関する全国集会が開かれますが、和歌山県野鳥の会の津野修一さんも呼びかけ人の一人になっています。津野さんによると、現在、日の岬に計画中の大規模風力発電計画地は、鳥たちの渡りのルートにかかっており、希少生物のクマタカにも影響があるということです。

日本では、沖縄の竹富島リゾート開発にも見られるように、住民に対しての詳細な説明のない開発計画がまだまだ多いのが現実です。ひとりひとりがよく考え、声をあげることでしか何かを動かす力にはなりません。

竹富島に住む方の言葉です。

「新しく作り出されるその道に、神様は通りますか?」

（二〇一〇年四月二十一日掲載）

花をつけた上溝桜

東日本大震災

「しんぽうサロン　わさびの里さらさら 36」より

白山吹の花の清楚な様に、心なごみます。

この時期、山菜の保存食作りや酵素造りのお手伝いをしてくれる方が、遠方からも工房を訪ねて来られます。それらの食品は、先日来の原発事故後に、関東方面に送り続けている山の湧水宅配便の中にも、山の幸のお裾分けとして入れています。

この度の震災では、被災が新たな被災を生んでいるかの如き事象も起きています。そんな中に、身近で明るいニュースが届きました。私が本部講師を拝命している（公財）日本手芸普及協会が、福島の会員の方からの依頼を受け、〝被災地に贈る「スクールバッグ」を募集します〟との呼びかけをし、当初千枚との目標でしたが、遙かに超えた数のスクールバッグが集まりました。

和歌山の生徒たちやその周りの方々にも協力してもらいましたが、工房には約十日間で百枚近いバッグが届きました。「持たせたかったであろうお母さんの気持ちで、心をこめて作らせていただきました」と言葉を添えてくれた生徒がおり、バッグを持ってくれるであろう小・中学生の母親の気持ちになれたひと時は、ひとりひとりがどれほど幸せであったことでしょう。

何か自分にできることはないだろうかと、日本中の人たちが考えている中に届いた、〝これなら私にもできる〟という提案であったこと、ネットという便利な媒体も功を奏し、四月末の最終締切りまでに五万九千枚余のスクールバッグが届き、望まれた各被災地に届けられました。

協会員以外の一般の方たちの協力も大きく、高校生が直接事務局に届けに来て、そのまま荷造りのボランティアをしてくださったり、各種金券の寄付をいただいたりしました。それらはバッグを届ける送料に当てさせていただきました。東京の事務局総出で荷造り等の作業をしましたが、これら全ての方の思いは、やわらかい風となって必ずやバッグを受け取った子どもたちの心に響くことでしょう。

日本の未来を担うリーダーは、被災地で頑張り続けている子どもたちの中から生まれるものと信じます。深い悲しみを耐え抜く清らかな瞳《ひとみ》は、しっかりと未来を捉《とら》えていることでしょう。少しでもその悲しみに寄り添うことが出来れば、と一針に託しつづけます。

先月、岡山でキルト展を開きました。観に来てくださった方の中に、私の作品『星窓』の前で、涙をこぼされた方がいました。「母を感じる温かい作品ですね」との言葉は、物を創る仕事に携わる者にとっては最高の賛辞《さんじ》でした。

「千年後の人たちに、誰が描いたのか名前は要らない」と、ご自分の名前を一切入れられない小泉淳作画伯が描かれた蓮と桜の東大寺襖《ふすま》絵《え》を拝し、その凛《りん》として気品に満ちた筆に近づきたいと念じました。

（二〇一一年五月二十一日掲載）

白山吹の花

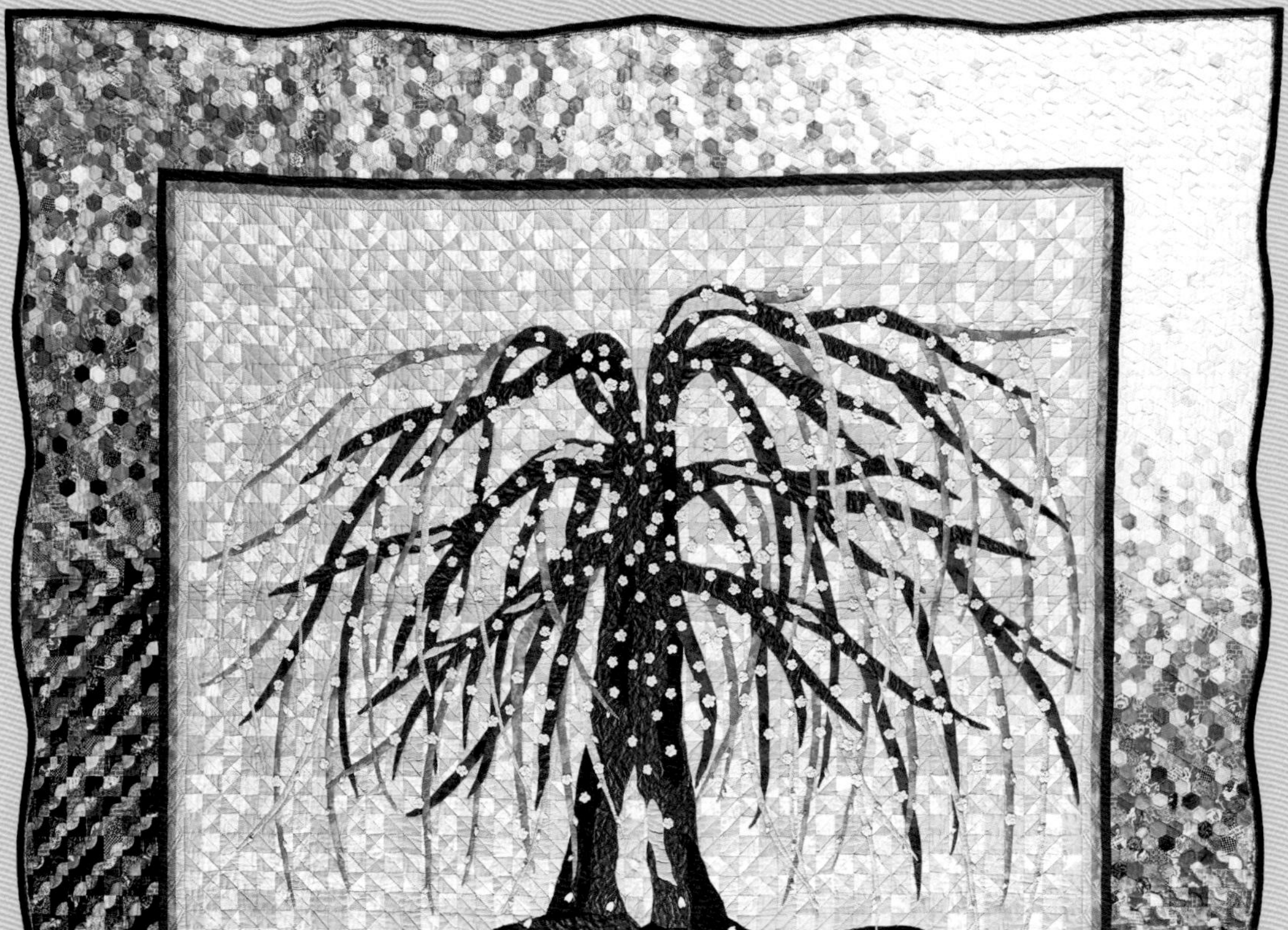

弥勒様の夢櫻

190cm×170cm（*1996* 年）

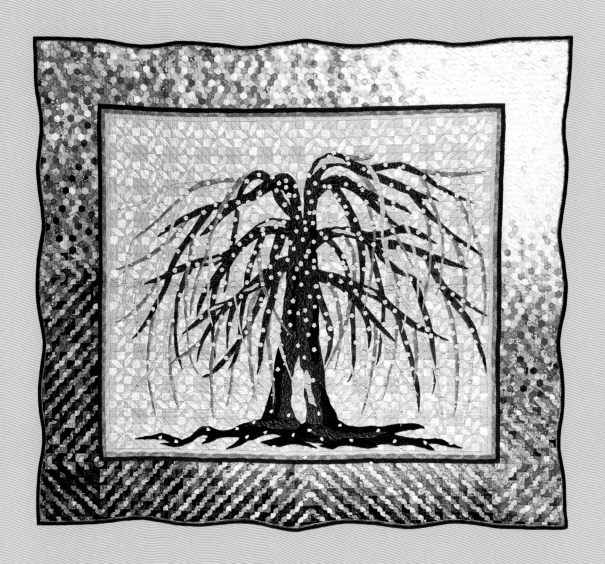

弥勒様《みろくさま》の夢櫻《ゆめざくら》

清らかに　清らかに
桜の花ひらく
おんみは
いのちのせせらぎ
夢よ
その御掌《みて》をあたためよ

溯　芳

『弥勒様の夢櫻』のキルトのモデルは、京都の名刹《めいさつ》・常照皇寺《じょうしょうこうじ》の紅枝垂れ桜である。千年の時空を超えていのちをつなぐこの桜の半身は朽《く》ちて無いが、初めてこの古木に出会った瞬間に、「こうであったであろう」と往時の姿が思い浮かんだ。一番好きな桜である。

このキルトは、敢えて百種類以上のモノトーンの布で創り、桜の花びらにのみ友人・西出尚子さんが染めたうすい桜色の布を使っている。この桜のキルトは何度か海外でも展示され、キルトの前で仲良く寄り添ってうっとりと眺めているアメリカの老夫婦の写真が「キルトジャパン」で紹介された。海外にも花びら風を届けられたように感じたものである。

制作当時、まだ高校生だった次男がアメリカに留学し、残された彼の古いペンケースからこの桜の蕾が出てきた。蕾が多いからと使わずにいたものを持っていてくれたという心根も嬉しかった。

奥《おく》佐《さ》々《さ》花《はな》茶《ちゃ》

さらさらと流れる小川に沿って、茶の木がたくさん自生している。お隣の大橋さんご夫妻には数多くのことを教わったが、なかでも「この地区には誰も植えた者がないのに、昔からお茶の木がたくさんあって、皆それでお茶を作って飲んでいる」という話が心に残り、引っ越した最初の年から番茶を作った。

移ってくる前から家の外にあった竈《かまど》を残しており、いただいた大きな羽釜もあったので、教わった通りに茶葉を蒸して炒り、それを乾かして番茶を作った。

幼いころに、祖母の指導で釜炒り茶作りの手伝いをしたが、その工程よりもはるかに大雑把で、小澤さんに「田舎の人は番茶を一年分作って屋根裏に保存して、それを毎日の食事のときに飲みます。お茶作りのころは農作業も忙しい季節で手間をかけておれないので、茶葉を大小かまわずむしり取り、大鍋で湯がいて天日で干すんですよ」と言われて驚いた。

初めて自分で作ったお茶は決して美味しいものではなかったが、それは私の育った家がお茶にうるさかったせいで、慣れると山の番茶のほうが食事には合うと思うようになった。

同じ工房産のオーガニック茶葉で、紅茶を試しに作ってみたこともある。また、アップルミント、カモミール、レモングラスを育て、ハーブティーも試してみた。これらは、週末に工房を訪ねて来る方たちのために開いた茶房のメニューにも入り、珈琲、紅茶、健康茶や抹茶、タンポポティーの中でも人気メニューだった。飲み物に添えるお菓子も手作りで、小澤農場の仏手柑《ぶっしゅかん》の砂糖菓子が主だった。小澤さんに「仏手柑をここまで研究した日本初の人」と褒めていただいた。

引越してすぐに、由良の高垣由美子さんよりお祝いにと、白木蓮が届いた。高垣旅館の庭のタイサンボクの陰になって一度も咲かなかったそうだが、植木職人の手による植樹のお陰で翌年には二~三輪の花をつけ、今では数百の大輪の花をつける大木に育ち、工房の風物詩となっている。

由美子さんの庭には種々の木があり、甘茶の木の苗もいただいた。お釈迦様の誕生会（花祭り）では、花で飾った御堂の釈迦像に甘茶（甘露の雫）をそそぐ。そのときに使うお茶である。その甘茶を干し、夏の間の水分補給にと周りの方にも勧めている。

私は今、この甘みを自然のノンカロリー甘味料として使った飲料水はできないものかと考えている。いつの間にか日本中に蔓延《まんえん》した自動販売機だが、身体によい飲料はその中のごく一部である。私は移動の際に必ず保温水筒を持ち歩く。中身は山の水を沸かして淹れたこだわりのお茶で、夏場は冷たい甘茶を入れることも多い。

二〇〇五年には花粉症対策にならないかと、「奥佐々花茶」を作った。このお

柚子、甘茶、仏手柑、そして奥佐々花茶

茶は地元紙に「山の妖精《ようせい》の贈り物」と題されて紹介された。山茶（脂肪排出）・甘茶（利尿）・枇杷《びわ》（痛み緩和）・ゲンノショウコ（健胃、整腸）・ドクダミ（血圧降下）・南天（咳の緩和）・ユキノシタ（解熱）・柚子（保湿）・カモミール（快眠）等の工房に咲く花々を手で摘み、山の光と風で乾燥させたものにオーガニック紅茶をブレンドさせた。これらの花々は咲く時期がそれぞれ違い、乾燥した花ごとに茶箱に入れて保存するが、ちょうどそのころに、閉店するというお茶屋さんにたくさんの茶箱を分けていただき重宝した。

工房の桜は三本ある。淡墨桜と上溝桜《うわみずざくら》と枝垂れ桜である。淡墨桜は桜好きの宮崎の長姉が工房のオープンイベントに合わせて岐阜の根尾谷経由の旅をし、苗を届けてくれたものである。十五年経って一〇メートルを超す見事な大木に成長した。上溝桜も「ヤマザクラです」といただいたもので、この桜の花と枝垂れ桜の花を塩漬けにし、桜の花びら茶として愛飲している。

花粉症に菜の花を食べると効果があるという説には、各種ビタミンとβカロチンを含むという理由の他に、抗アレルギー作用があるという。花茶の味も好評だったが、長く続けていくには作業を手伝ってくれるボランティアスタッフが足りずに、花茶作りは四、五年しかつづかなかった。

数年して茶箱から出てきた花茶を飲んでみたら、紅茶の味だけではない含みのある美味しさだった。近年たまに花の数を減らして作ったものを飲んでみたりもするが、『奥佐々花茶』は是非復活させたいお茶である。

美味しいお茶を淹《い》れることは難しい。画僧・牧宥恵《まきゆうけい》さんの「西遊舎」*8では、いつも囲炉裏に炭がおきており鉄瓶に湯が沸いている。そこで出される「お茶をどうぞ」の一服の美味しさ。

宥恵さんは若き日にインドを放浪されたときに弥勒菩薩様が現れ、帰国後すぐに京都・広隆寺を訪ね、弥勒菩薩様にお会いして救われたと話をしてくださったことがある。その原点から生まれた宥恵さんの仏画は、人間を超えた存在が微笑みをもって語りかけてくることの真実を教えてくださる。

ルドンに捧ぐ

210cm×195cm（2013 年）

ルドンに捧《ささ》ぐ

『ルドンに捧ぐ』は、二〇一三年のパリのジャパンエキスポで展示されたキルトである。

フランスの画家ルドンは、晩年に数多くの花々を描いている。先年、福井県立美術館でルドンの師の作品に出会ったが、それは細密画《さいみつが》で、ルドンの原点を見たように思った。

ルドンの『赤いけしの花』の複製画が友人の蔵にあった。複製画といっても美術館が認めた画家に限定で描かせたものである。

パリの人たちがフランス語に訳されたタイトル『ルドンに捧ぐ』に感激され、メッセージを書いてくれた方や、「パリで展示会をする際にはこの住所に連絡してください」と名刺をいただいた方などたくさんのご高誼《こうぎ》をたまわった。

パリの人たちの心の琴線《きんせん》に触れたであろう『ルドンに捧ぐ』に、新たな希望が湧いてきた。

お花見しましょう。

大変お世話になったお隣の大橋さんのご主人が、生前「黒田さんの家の桜が咲いたら、皆で花見をしよう」と言われていた。しかし、淡墨桜《うすずみざくら》はなかなか開花せず、枝垂れ桜がちらほら咲くようになった年に大橋さんは入院され、約束を果たすことができなかったことが悔やまれる。

現在、この山に根を下ろして丸十五年経つ二本の木があり、この花を愛でる人たちが少しずつ増えている。工房へ下りる坂道に立ち、数百の白木蓮の花が目に飛び込むと思わず息をのむ。白木蓮が満開のときに、上海《シャンハイ》で生まれたという志磨美智子さんに、毎年、白木蓮の一枝を届ける。

志磨さんとは和歌山近鉄カルチャーセンターの講師仲間（志磨さんはフラワーアレンジメントの講師）として出会った。カルチャー開設十五周年記念のイベントで、二越館長の依頼で私が工房の話をさせていただくことになり、カルチャーセンターの講師を含むギャラリー約百名の前で一時間講演したことがある。その最前列に座っていたのが志磨さんで、話が終わるとすぐに「工房の住所を教えてください」と駆け寄られた。そして二日後には工房に立たれ、それ以来親交をつづけている。「茅の会」の主要メンバーでもある。

満開の淡墨桜

十年の歳月を経て淡墨桜の開花を見たときは、「こんにちは。やっと逢えましたね！　ありがとう」と感謝そのものであった。年を重ねるごとに花の数が増え、「今、淡墨桜が満開ですよ。どうぞ見においでください」とお誘いした方がすぐに来山されたが、「少しだけしか咲いていませんでした。もう終わりでしょうか」という連絡を受けた。その話を志磨さんにすると、「万葉の時代の人々が愛でた満開の桜とは、ソメイヨシノのような豪華絢爛《ごうかけんらん》に咲く満開の桜ではなく、山桜のようにたおやかで品性のあるものだったようです」と言われて、その説明に納得した。

四月の初めに前後して咲く白木蓮と淡墨桜、来年（二〇一八年）からこの開花に合わせたイベントを企画している。工房でパッチワークの展示会を開き、飲み物とお茶菓子付きの協力券を発行する。協力券を発行するのは、獣害により私道の補修等に高額の費用がかかるため、その一部にでも充てることができればと願ってのことである。

「もう一度作品展をお山の工房で！」とたくさんの方からの要望をいただいている。心待ちにしてくださる皆さんにとって居心地のよい空間作りをすることで、訪れてくださる方たちの笑い声が絶えない場となればと希う。

工房の四季を彩る花々

四季折々に工房を彩る花には、白木蓮と淡墨桜以外に椿・山葵《わさび》・スミレ・タンポポ・桐・お茶・ヤマツツジ・シャガ・フキノトウ・ユキノシタ・山吹・合歓《ねむ》・秋明菊《しゅうめいぎく》・アケビ・ウバユリなど昔からある花々がある。先住者が植えた花がチューリップ・紫陽花・木瓜・山百合・牡丹などで、私の手によるものが枝垂れ桜・上溝桜・コブシ・大山蓮華《おおやまれんげ》・各種紫陽花《あじさい》・都忘れ・スズラン・オオテマリ・ハコネウツギ・西洋菩提樹《ぼだいじゅ》・蠟梅《ろうばい》などである。

これらの花の中で最も人気があるのが蠟梅と大山蓮華である。蠟梅は二種あり、咲く時期が異なる。工房中にえもいわれぬ香りが漂うと、ようやく長かった冬が終わりを告げ、やわらかな春の陽射しの予感に包まれる。大山蓮華は茶花で、昔、請われて西国三番札所粉河寺《こかわでら》の貫主夫人にお届けしたことがある。お届けした一枝に鋏《はさみ》を入れて床の間に生けてくださったが、話をしているうちに蕾《つぼみ》がほどけ、よい香りが漂《ただよ》ってきた。「お花も私たちの会話を聞いていたのですね」と微笑まれた思い出を、後日お伝えした。そのときは、粉河寺で長く使われていた法被《はっぴ》をいただいたが、それを使った『江戸の風紋《ふうもん》』というタイトルのキルトは、名古屋の百貨店の創業四百年イベントの案内チラシにも使われた。

その思い出の大山蓮華を和歌山市内から工房の母屋の近くに移植した。毎年清らかな花風に出会うよろこび。

『江戸の風紋』

古人への讃歌
185cm×185cm（*2002* 年）

古人《いにしえびと》への讃歌《さんか》

『古人への讃歌』は二〇〇二年「和のキルト一〇〇人展」への出品の依頼を受けて制作した。使っている布は新潟の塩沢織《しおざわおり》である。キルトの説明に「塩沢織」と入れるという要望以外は何の条件もなく、グラデーションになっている塩沢織のサンプルの反物を無償で提供していただいた。そのグラデーションが生きて素敵なキルトになった。好評だった展示会図録にも「新潟産塩沢織を使っています」との説明が入り、塩沢織を広く知っていただくことになった。

キルトのアップリケデザインは、敦煌《とんこう》を旅した折に出会ったものである。何故だか懐かしく感じるのは、悠久《ゆうきゅう》の時空《じくう》を超えた眠りからよみがえる記憶だろう。繋いでいくことの楽しさは、固い絹地に針を通す苦労に優る。

一日に数万針を縫ったとしても、針の運びで手に豆を作ることはない。工房の椎茸プロジェクトの菌打ち作業で、電気ドリルを持つ手に豆ができては潰《つぶ》れた。勲章であろうかと微笑んだ。

椎茸プロジェクト

工房に通いはじめたころから、お隣の大橋さんが「早く椎茸の準備を」と何度もおっしゃっていた。前住者が椎茸を栽培していた場所は三カ所あると聞いていたが、その一カ所の山は全体がクヌギの林になっており、傾斜も緩やかで栽培していたほだ木が少し残っていた。その隣の山は、急斜面に経年化したほだ木に大きな椎茸がたくさんできていた。

前住者は椎茸栽培で生計を立てておられ、離れには大きな乾燥機を設置した跡があり、母屋の壁も乾燥のための穴が開いていた。干椎茸の販売を主としていたようで、山の頂上までレールが敷いてあり、水道も引いてあった。ほだ木に水をかけながら栽培し、機械を使って収穫しておられたというから、その量は想像できない。乾燥椎茸でなければ個人では無理だっただろう。

私が初めて椎茸栽培をしたのは十五年前で、大橋さんに一から十まで教えていただいた。クヌギの木を一メートルにカットして寝かせておく。菌は専門店から取り寄せ、ほだ木に打ち込む。寒冷紗《かんれいしゃ》をかぶせて仮伏せして木陰に寝かせておく。二カ月ほどして傾斜地である栽培場所に並べると本伏せが終わる。大橋さんによると、直径が一五〜二〇センチのほだ木だと十年くらいは椎茸が生え、伐《き》ったクヌギの樹から新芽が出て育ち、十年経って成長したクヌギを伐れば、再びほだ木に使えるということだった。そうして循環させる。

去年、京都造形芸術大学大学院の松井利夫ゼミのお仲間が、工房で一泊研修された。その際に椎茸山の話が出て、松井先生にほだ木になる大量のクヌギも場所もあるのに何が不足なのかを訊ねられ、「木を伐る人がいなくなりました」と答えた。その話を聞いていたゼミ生が「知り合いに木を伐るプロがいます。頼んでみましょう」と言われ、昨年末に伐採の話が進み、一メートルのほだ木一五〇本を伐っていただいた。

このプロジェクト「美味しいほんまもんのどんこ椎茸を食べたい人、この指とまれ！」に賛同された方たちの椎茸予約申し込み金で、六千個の種菌を取り寄せた。二月末、「茅の会」のイベントとしてボランティアを募り、昼食をはさんで終日ほだ木に菌打ち作業を行った。その日終わらなかった作業の残りは、茅葺の家を再建する時にも手伝っていただいた小杉さんと私ですませたが、ドリルは充電に時間がかかるため、前もってｋｏｂｏ Ｆｕｚｚの吉田さんにもお借りし、大橋さんの息子さん（大工さん）のプロ仕様の道具もお借りした。仮伏せから本伏せを済ませると、後はどんこ椎茸が生えるのを待つばかりである。

これからプロジェクトとしてつづけるためには、一つ問題がある。大橋さんが話しておられた次の十年でクヌギが育っていないことである。これは、新芽を食い荒らす鹿の仕業である。対策を考えなければならない。

椎茸栽培プロジェクト

水をかけずに自然のままで生えてくるどんこ椎茸の美味しさ！
工房の山には、小澤農場主をして「椎茸栽培のプロですね」と言わせたほど椎茸栽培に適した自然環境がある。プロジェクトを繋いでいくためには、市販の椎茸との味の違いを知ることだろう。椎茸づくしの料理で初冬に集まるのもよいし、早春の椎茸で料理講習会も企画しよう。

夏の蒲公英工房

鏑木清方天井画
100cm×100cm（2014 年）

鏑《かぶら》木《き》清方《きよかた》天井画

このキルトは、東京・目黒の雅叙園「鏑木清方の間」の天井画を模して創った。二〇一四年の雅叙園でのキルト展の折に、一階のプロムナードに飾られたが、その前に（公財）日本手芸普及協会が毎年協会会員のスキルアップのために全国展開している学習会のサンプルキルトとして創ったものである。

清方が描いた四種の朝顔画の細やかな構図をアップリケで表現し、網代《あじろ》の部分は濃淡のある布でテープを創り、縦横に組んだ。ボーダーは雅叙園の建具の組木細工《くみきざいく》模様を三〜四ミリのバイアステープを作り表したが、時間のかかる作業であった。

坂村真民先生のこと

工房には前身がある。奥佐々に移る前に和歌山市内で「縫工房　蒲公英」という教室兼キルトショップを十年余り開いていた。

ショップのオープンにあたって、信奉《しんぽう》していた仏教詩人・坂村真民《さかむらしんみん》先生にお便りし、看板の字をお願いした。タンポポと朴《ほお》の花をこよなく愛しておられる真民先生は「どのように書いてほしいですか」と尋ねられ、私は「タンポポの種子がやわらかい風となってどこまでも飛んでいくように、ひらがなで『たんぽぽ』と書いてください」とお願いした。

高野山より届いた四〇センチ四方の朴の木の一枚板を愛媛県砥部《とべ》のお宅へ送りしたが、ほどなくして看板が届き感激した。字が微笑んでいるのである。現在、その看板は奥佐々の母屋の床の間に飾られているが、真民先生が見守っていてくださっているように感じている。

真民先生の集まりで出会った方たちとのご縁は深く、現在まで好誼《こうぎ》がつづいている方も多い。去年、二十年ぶりに展示会（大阪）に来てくださったのは、大阪の「まだま村」のオープンイベントの際に出会った方だった。

その日の講演者が真民先生で、私はプレゼンテーター役を務めた。イベントが終わったあと、鶴亀文様の藍染古布で作った座布団を贈った。先生は「もったいなくて座れんなあ」と満面の笑みをうかべられた。

工房で開くイベントに必ず参加してくださる方たちがいる。砥部で行われた真民先生の大きなイベントに一緒に行った人たちである。

私が、深いかなしみの中にいる人に贈る一冊は、『生きてゆく力がなくなる時』(坂村真民著、柏樹社、一九八一)である。

坂村真民先生の書

「生きてゆく力がなくなる時」　坂村　真民

死のうと思う日はないが
生きてゆく力がなくなることがある
そんな時お寺を訪ね
わたしはひとり
仏陀の前に座ってくる
力わき明日を思う心が
出てくるまで座ってくる

フレンドシップキルト
250cm×235cm（2012 年）

フレンドシップキルト

この『フレンドシップキルト』は、金沢21世紀美術館で二〇一二年に開催された、館では我が教室で最初のキルト展で、受付に飾られたものである。生徒たちによる様々なパターンを九十枚繋いでいる。それぞれ一枚ずつ仕上げたものを繋ぐので、縫い手の違いで生じる差を上手く繋ぎ合わせていく作業には苦労があった。

マレビト

百年経った古民家は何年持つのだろうか。水回りを改装してもらった大工さんに尋ねると、「三百年の欅《けやき》の柱を使ってあるから三百年持つ」と教えてくれた。私には、五十年先さえも見届けることは不可能で、取り敢えず出来得る範囲の努力をし、一年一年を丁寧に見守るしかない。そして、私の志を継いでくれる人が、次の三十年、五十年を繋いでいくのだろう。

先人が苦労して開墾《かいこん》した棚田《たなだ》が、今はもう見る影もない。自給率の低いこの国で、全国にこのような棚田が打ち捨てられているのだ。一人でも多くの人たちが何が大切なのかということに気づかなければ、この国の未来はないとさえ思う。

今、何よりも大事なものは「食」であり、そのためにはそれを支える環境の整備・保全が重要であろう。一粒の米にも、一滴の水にも、私たちが心を通わせることでプラスアルファの力が入る。子どもたちの笑顔を心に描く人たちが耕す土、そこから生まれる食物を感謝していただく。そうした日々をくり返す日常――工房から山々を眺めつつそのような未来を描き、希う。

今後、蒲公英工房で力を入れたいことは、皆が楽しく集える場づくりの企画である。これまでやってきたこととはひと味違った事業を展開したい。皆に広くアイデアを求め、遊びながら学べる場にする。その中で想定外のことが起きれば、それがまた新たな飛躍に繋がる。そのような躍動的《やくどうてき》で自在な展開である。結果、「大人」たちが健康に老いを生きることに繋がり、子どもたちが伸びやかに育つことになればと希う。

まだ工房を改装する以前、市内に住むボランティアの人たちが工房に来て、畑作業や家の掃除などを手伝ってくれた。その一人に、生徒の澤井さんがいた。彼女は二歳と四歳になる二人の娘を連れてジャガイモを植えに山に上がって来た。畑の手伝いに飽きた二人が玄関に立ち、離れた畑にいる私たちに向かって「ママー」「せんせー」「ママー」「せんせー」とくり返し呼びかける。そのたびに「はーい」と返事していたが、澤井さんが「先生は忙しいんだから、何回も呼ばないの」とたしなめた。次の瞬間「ママー、せんせー、だーいすき」と返ってきた。そのときのことを想うと、今でも胸が熱くなる。

その後、福井に転勤した澤井さんは、何度も車を走らせて工房に戻ってこられた。近年、金沢の21世紀美術館で中学生と高校生になった二人に逢った。素直に美しく健康に育ってくれたことが何より嬉しく、「素敵なお母さんになってね」と思わず本音で語りかけてしまった。

何年も前に、「茅の会」の常連のお一人である江本英雄さん（地方史研究）に「マレビト」の称号を賜った。マレビトとは「稀人」、「客人」と書く。民俗学的には、他所から訪れる異人であり、迎える土地の人はこの来訪者に宿や食事を供し、歓待したという。

マレビトの役割とは何かをよく考え、里山に貢献《こうけん》したいものである。

あとがき

キルトは女性の仕事である。全国各地で展示会を開くと、かつて指導した懐かしい方がよく会場に訪ねてきてくれる。久しぶりに出会った彼女らから、その後のことや近況を聞くなかで、「針を持つことで、かなしみを乗りこえることができました。ありがとうございます」と言われることがある。

古来、女性たちは日中の重労働をこなし、家族が寝静まったあとに小さな灯りをともして繕《つくろ》いものをした。それは、赤子のおむつだったり、野良着や足袋《たび》の補強であったり、子どもたちの服の仕立て直しだったりしたことだろう。その一針一針を重ねる時間は、母として、女性として、日々を生きる苦労を払拭《ふっしょく》する癒《いや》しの時間だったのではないかと思う。

キルト作りには時間がかかる。一年、二年を一枚のキルトに費やすことは珍しいことではない。一針一針は、その月日に流れるかなしみや苦しみ、喜びのすべてを包含している。

利き手（私の場合、右手）ではなく、左手にこそ神が宿ることを実感する。日々、見えないものを心の眼で見ようと努めながら、出来上がった作品が一人歩きをはじめるとき、私は掌を合わせる。感謝と祈りのなかに。

二〇一七年十一月

黒田　街子

蒲公英工房の友人・プロフェッショナルの紹介

本書には、たくさんの方々が実名で登場されます。その多くが、蒲公英工房と私を応援してくださり、また私が応援する方々で、個人であったり、また活動やお仕事を通して世の中に提言され、表現されているプロフェッショナルです。その一部ですが、ご紹介します（本文中＊）。

＊1　**小澤農場**　和歌山県有田群金屋町　busyukan.my.coocan.jp　Tel 0737-32-3456
「心と大自然で育てる」農場　みかん・清美オレンジ・仏手柑等を販売する。(p.10)

＊2　**正眼寺**　岐阜県美濃加茂市伊深町　臨済宗妙心寺派　Tel 0574-29-1369
正眼短期大学「禅・人間学科」日本の心を学ぶ　shogen.ac.jp（p.11）

＊3　**ソルフェジオ**　「Life Wave」中央区銀座　Scm-ginza.com　Tel 0120-600-730
身体の波動を整える次世代の共振照射装置開発。(p.18)

＊4　CAOS　建築設計事務所カオス　www.caos-ku.com　Tel 0737-85-2370（上野山）
『楷書の建築』・・光と風をあやつり、奇をてらわず、心と身体に健康である。(p.37)

＊5　**佐藤溯芳**　和歌山大学国際観光学特別フェロー　hikari_s@cream.plala.or.jp
「日本書紀歌謡の音楽的復興」の研究家。人間魚雷「回天」の絵本『ひかりの海』出版（東京法令出版）。(p.50)

＊6　**ケーキハウス「ひいらぎ」**　和歌山市毛見　Tel 073-445-9429
材料にこだわり素朴で暖かみのあるほっこりするお菓子が並ぶ。(p.57)

＊7　**岩切農園**　宮崎県綾町　FAX 0985-56-9303
こだわりの農法で、スイートスプリング・日向夏を主として販売。(p.57)

＊8　**西遊舎**　和歌山県岩出市根来　www.makiu-kei.jp　Tel 0736-62-6000
画僧・牧宥恵の考える「やはり、仏教はいい」　新刊「心のほぐし絵つれづれ筆三昧　おつかれさま」(株式会社日貿出版社)。(p.102)

黒田　街子〈Kuroda Machiko〉

キルト作家。1952 年、宮崎県延岡市で生まれる。
蒲公英工房（和歌山県海草郡紀美野町奥佐々）主宰。
ホームページ：http://mtanpopo.exblog.jp。
「食」全般を探求。

わさびの里より

キルト作家が贈る里山の幸

2017 年 12 月 1 日　第 1 刷発行

著　者　黒田　街子

発行者　古野たづ子
発行所　図書出版木星舎
〒 814-0002　福岡市早良区西新 7 丁目 1-58-207
tel　092-833-7140　fax　092-833-7141
http://www.mokuseisya.com

印刷・製本　大同印刷株式会社
ISBN978-4-901483-98-8

木星舎の本

手元にあるだけでいい。ときどき開いてみるだけで、時を忘れてその世界に入っていける・・・そんな本があります。

BATIK　絵画のような布を着る

深川　芳子　著

［スキラ判／並製／ 112 頁／ 2400 円（＋税）］

ジャワ更紗・バティックは世界無形文化遺産に登録されたインドネシアの伝統工芸品。17,000 を超える島々に 300 の王国があり、その一つ一つに文様があるという。おおらかな意匠、緻密な手仕事が作り出すまさに絵のようなバティックの魅力をあますことなく伝える一冊。

川本恵美子作品集　RENAISSANCE BAG

時にかなって美しい

［A4 判／並製／ 56 頁／ 2800 円（＋税）］

響き合う装飾の魂

京都西陣の帯を舞台に、珊瑚や螺鈿、蒔絵、瑪瑙の帯留、象嵌細工、西欧のトンボ玉、ビーズ、アンティークブローチ、パールや天然石。東から、西から、創作者の魂が出会い、共鳴し、融合したときに JAPONISM の新たな地平が開かれる。唯一無二の美の饗宴。

絵手紙集

ソノトキ　ソノトキ　キミニ逢イタシ　自在独楽

北川　長一郎　著

［スキラ判／上製／ 120 頁／ 2000 円（＋税）］

生きた絵を描きたい　生きた言葉を書きたい

多彩な手法と何にもとらわれな自由な表現で、紙幅を超えて、絵手紙の可能性を大きく開いた一冊。

絵を描くってこんなにこんなに楽しいんだ！

　言葉って、こんなに自由なんだ！